행복한 장사꾼의
33가지 에피소드

행복한 장사꾼의
33가지 에피소드

초판 1쇄 인쇄 2009년 06월 10일
초판 1쇄 발행 2009년 06월 17일

지은이 | 이영준
펴낸이 | 손형국
펴낸곳 | (주)에세이퍼블리싱
출판등록 | 2004. 12. 1(제315-2008-022호)
주소 | 157-857 서울특별시 강서구 방화3동 822-1 화이트하우스 2층
홈페이지 | www.essay.co.kr
전화번호 | (02)3159-9638~40
팩스 | (02)3159-9637

ISBN 978-89-6023-243-3 03810

행복한 장사꾼의 33가지 에피소드

실제 사례를 통한 실전 장사 노하우

33 Episode

글 이 영 준

ESSAY

Prologue

사람들은 '장사' 나 '영업' 이라는 말을 처음 들었을 때 과연 무엇을 먼저 떠올릴까? 필자의 주변에 있는 사람들에게 이 단어를 제시했을 때 대부분의 사람들이 응답한 내용과, 현재 대한민국에 사는 20~40대 성인들을 대상으로 조사한다고 했을 때 대다수가 연상하는 내용은 아마 거의 비슷할 것이다. 영업이라는 말을 들었을 때 대부분의 사람들은 긍정적인 이미지보다는 부정적인 이미지를 먼저 떠올린다는 것이다. 실제로 필자의 지인들이나 청강생들에게 질문했을 때 가장 먼저 떠오르는 이미지로는 '남에게 물건을 파는 것' 이라는 대답이 가장 많았다. 그 다음에 떠오르는 이미지들도 '강제로 할당받아 자기가 돈으로 물건을 사는 것(일명 영업용어로 땜빵)', '실적 채우기 위해 하는 힘든 일', 심지어 '남에게 구걸해서 또는 사기 쳐서 물건 팔아먹는 것' 등으로 부정적인 것들이 대부분이었다. 이런 결과가 나오는 것은 아마 우리 사회가 그동안 만들어 놓은 기존의 틀 때문일 것이다. 즉 현재까지의 영업 시장의 상황을 놓고 본다면 위의 대답이 맞다고 할 수 있고, 그만큼 영업이라는 단어는 대접받지 못하는 시대였다.

하지만, 현대 사회에서 '영업' 이라는 말은 단순히 제품을 판매하는 특정한 직업군의 사람들에만 해당되는 것이 아니다. 만약 순수 문학을 한다고 해도 책을 출판하면서 '사람들이 내가 쓴 책을 읽어 줄까?' 를 고민해야 하고, 의사나 변호사 등 사회적으로 인정받는 소위 '사' 자 들어가는 고급 전문직을 가진 사람들도 어떻게 환자나 의뢰인들을 모을까를 고민해야 한다. 요즘은 대학도 우수한 학생을 어떻게 하면 많이 모집할 수 있을까를 고민하고 있고, 정치를 하는 사람들도 선거철에 어떻게 한 표라도 더 얻어볼까 하는 생각으로 '영업' 을 한다. 결국 모든 사회 구성원이 영업을 하고 있다고 해도 틀린 말은 아닐 것이다. 하지만 영업이라는 단어가 기존에 가지고 있던 좋지 않은 어감 때문에 사람들은 보통 자신들이 사업을 한다고 말을 하고, 집필을 한다고 생각하며, 사람들을 치료하고, 법 해석에 종사한다고 바꾸어 이야기한다. 결국은 모두 똑같이 영업행위를 하고 있는데 말이다.

이렇게 사람들의 모든 행위가 영업이라고 생각한다면 영업이라는 말이 갖는 기존의 부정적인 이미지는 지울 수 있을 테지만, 그렇다면 이제는 '영업을 하려면 무엇을 잘 해야 할까?' 라는 기초적인 질문을 해 보자. 영업을 잘 하기 위해 필요한 요건으로 가장 많이 꼽는 대답은 아마 '말을 잘 해야 한다' 일 것이다. 과거에는 영업이란 행위가 기본적으로 사람을 만나 설득하고 자신이 가진 제품을 판매하는 일에 국한되었기 때문에, 말 잘하고 술 잘 먹으면 영업 잘한다는 소리 좀 들었다. 하지만 현재 사회에서는 그것만으로는 많이 부족하다. 말 잘하는 것은 이제는 기본이다. 요즘은 세상에 태어나는 순간부터 말 잘하는 법을 배운다고 해도 과언이 아니다. 심지어 모국어뿐 아니라 외국어로 말 잘하는 법을 배우기 위해 수많은 시간과 돈을 들여 정말 열심히들 배운다. 그 결과 옆집 사는 아이들만 보더라도 예전세대에 비하면 너무나 말을 잘한다는 걸 알 수 있다. 그러니 웬만큼 말을 잘 해서는 명함도 못 내미는 사회가 지금 우리가 살아가는 사회다.

그럼 말을 잘하는 것이 이제는 기본이라면 과연 그것 이외에 영업을 잘하기 위한 조건이 무엇인가를 찾기 위해 다시 고민해야 한다. 영업에 관한 정보를 많이 얻으면 영업을 잘할 수 있을까? 그렇다면 책을 사보면 어떨까 하는 생각을 한다. 책에는 영업으로 성공한 사람들의 살아있는 노하우가 녹아 있으니 그럴 수도 있다. 지금 서점으로 달려가서 영업 잘하는 방법을 알려주는 책을 찾아보면 아마 한 트럭은 안 되더라도 한 손수레에 가득 실을 정도는 될 만큼 영업에 관한 서적들은 넘쳐난다. 수많은 이론과 영업 노하우, 영업 철학 등 넘치는 정보 속에서 행복해하며 책 속에서 헤엄쳐도 될 정도로 많은 내용들을 접할 수 있을 것이다. 어디 책뿐인가? TV만 틀어도 영업 노하우를 다루는 방송이 수없이 많고, 인터넷에서 검색만 해도 정보는 넘쳐난다.

그렇다면 이렇게 영업에 관한 정보를 얻기 쉬우니 책 좀 읽고 TV 좀 보고 인터넷만 좀 할 줄 알면 영업하는 사람들은 누구나 영업의 고수가 되어 있어야 하지 않는가? 하지만 현실은 그렇지 않다. 그렇게 많은 정보가 있지만 해석하는 방법과 실천하는 방법에서 자신의 것으로 소화되지 못하는 정보들은 결국 있으나 마나 한 폐기물이 되는 것이다.

이렇듯 말을 잘하는 것으로도, 좋은 정보를 얻는 것으로도 부족하다면, 가장 좋은 방법은 영업을 잘하는 사람들을 옆에서 지켜보면서 배우는 것이 될 것이다. 결국 영업에 있어서 실천적 노하우가 매우 중요하다는 말을 하고 싶은 것이다. 시험공부 하나도 안 하고 100점 맞을 수 있는 유일한 방법(부정행위이므로 절대로 해서는 안 되는 일이지만)은 100점 맞는 아이의 시험지를 보고 베끼는 일이듯, 영업을 잘하는 가장 쉬운 방법도 실제로 잘하는 사람이 어떻게 하는가를 지켜보고 그 행동을 내 것으로 받아들인 다음 한 단계 더 발전시켜 나만의 노하우를 가지고 영업하는 것이다.

이제 영업을 잘하는 방법을 알았다면, '무엇을 위해 영업을 잘하려는가' 라는 질문을 해보자. 아마 대부분은 돈을 벌기 위해 그렇다고 대답할 것이다. 돈을 위해 일한다는 게 다소 어감이 안 좋을 수도 있지만 영업하는 사람들이 돈을 위해 일한다는 말은 나쁘게 생각해서는 안 된다. 왜냐면 자신이 노력해서 이루어낸 일에 대한 정당한 대가를 받는 건 당연한 일이기 때문이다. 하지만 진정한 영업인은 돈만을 위해서 일하지는 않는다. 자신이 하는 일에 대해서 열정이 없으면 절대로 영업에서 성공할 수 없다. 운이 좋아 돈을 많이 벌 수도 있지 않느냐고 말할 수도 있겠지만 돈만을 남기는 영업은 진정한 영업이라고 생각해서는 안 된다. 돈뿐 아니라 고객의 마음까지 남기는 영업이야말로 진정한 영업이라고 할 수 있기 때문이다. 그러기 위해서는 고객의 마음을 읽을 줄도 알아야 하고, 자신이 판매하는 제품에 대해서 정확하게 알고 자신감을 가져야 하며, 한번 상인으로서 인연을 맺은 고객에 대해서는 철저한 관리를 통해 지속적인 관계 성립이 필요한 것이다.

이 책에서 말하고 싶은 내용이 이런 것이다. 실제 겪어도 보고 장사꾼이라는 사람들을 옆에서 지켜보고 이야기도 나누고, 뭐가 정말 중요한지를 몇 번이고 검증도 받고 정말 '이거다' 라고 말하고 싶은 내용이 이 책에 담겨 있다. 영업을 20년, 30년 해서 얻을 수 있는 지식도 중요하지만 그 사람들 20~30년 해서 체험으로 터득한 소중한 노하우를 짧은 시간이라도 충분히 받아서 자신의 것으로 만든다면 남들보다 적어도 20년은 빠르게 살아가는 것 아니겠는가? 영업 잘한다는 소리를 듣는 사람들이 어떤 생각과 실천적 행위로 잘한다는 소리를 듣고 있는지 살펴보고, 그 가운데 자신에게 맞는 내용을 실천으로 옮겨 영업 시장에서 정말 선수 중에 선수라는 이야기를 꼭 듣길 바란다.

차 례

Part 3. 공감의 아름다움

Part 1. 기본의 일상화

– 뭐든 처음 시작했던
마음으로 하면 잘한다는 소리를 듣는다.
그래서 항상 기본이 중요하다고 이야기한다.
기본을 잊는 순간 모든 것을 잃는다는 생각으로 기본의
일상화를 지켜야 한다. –

– 기본이 중요하다는 건 누구나 알지만
그것이 왜 중요한지는 시간이 지나면 잊는다.
그래서 항상 기본이라는 단어를 마음에 간직하고
자주 꺼내보는 게 중요하다. –

Episode 1

입이 아닌 귀로 하는 영업을 해라

- 영업은 말을 많이 하는 사람들이라는 생각으로 하면 안 된다. 말이란 핵심적인 단어를 이용해서 상대를 이해시키거나 자신의 생각을 보여주는 역할을 하는 것이지 의미 없이 떠드는 행위가 되어서는 안 된다. 반대로 듣는 것은 상대의 마음을 읽을 수 있는 기회이니 많이 들을수록 이득이다. -

사람은 누구나 객관적인 입장에서 문제를 볼 필요가 있다. 하지만 객관적인 입장이라는 게 말처럼 쉬운 일은 아니다. 왜냐면 객관적 이라는 기준부터가 애매하기 때문이다. 예컨대 그 일에 관련된 사람과 개인적인 친분관계로 인해 팔이 안으로 굽는다든지, 말을 잘못 했을 때 자기에게 돌아올 불상사가 있지 않을까라는 등 온갖 생각으로 인해 객관적인 결정을 내리기 어렵기 때문이다. 그래서 객관적으로 일을 처리하기 위해서 차선책으로 선택하는 게 최대한 많은 사람들이 이야기를 듣는 것이다. 남의 이야기를 많이 듣는 것도 쉽지는 않으나 의도적이라도 남의 의견을 많은 듣는 노력은 필요하다. 많이 듣는 게 영업에서는 중요한 문제이기 때문이다.

영업을 하는 사람들에게 있어서 어느 정도 영업을 하면 많이 했다고 말할 수 있고, 어느 정도 하면 영업을 잘하는 사람이라고 할 수 있을까? 이 질문에 대한 대답은 모든 사람이 다 다를 것이다. 적어도 10년은 영업을 해봐야 '영업을 좀 안다' 라고 할 수 있다는 대답도 나올 것이고, 술을 잘 마시면 영업을 잘한다는 고정관념에서 벗어나지 못하는 대답을 하는 사람도 있을 것이다. 그러나 단순히 영업을 오래한 사람이나 술을 잘먹는다고 해서 영업을 잘한다고 할 수는 없다. 물론 몇 십 년 영업을 하든 그 기간 동안에 노하우가 축적되어 특정 업무에 대해서는 좀 더 쉽게 일을 풀어나갈 수는 있을 것이다. 하지만 노하우로 인한 특정 업무를 잘한다고 해서 영업을 잘하는 것은 아니다. 영업 시장은 시대의 변화와 함께 주 소비층이 변하고 이런 변하는 소비층에 맞는 영업제안은 그 시대를 같이 살아온 사람들이 잘 할 수 있기 때문이다.

내가 아는 두 명의 영업담당이 있다. 한 영업담당은 30년을 영업현장에서 일해 온 A이고 다른 한 영업담당은 이제 영업에 발 담근 지 2년째 되는 B다. 사람들에게 두 명 중 '누가 업무를 더 잘 처리할거 같은가' 라고 물으면 그래도 경력이 중요하기 때문에 30년을 해온 A가 압도적인 우위를 보이지 않을까 생각하겠지만 실상 업체와 거래를 성사시키거나 매출을 발생시키는 수치는 2년 동안 영업을 한 B가 더 잘한다.

왜 이런 문제가 생기는가? 이유는 간단하다. 주위에 수많은 영업을 하는 사람들의 특징이라고 하면 특징이랄까 상당히 고집이 세다는 문제를 가지고 있다. 특히 영업 경험이 오래된 분들의 경우에는 자신이 발로 뛰어서 만들어 놓은 거대한 제국에 대한 자부심이 워낙 크기 때문에 주위에서 하는 조언은 단지 나의 왕국을 파괴하려는 조잡한 세치 혀의 장난일 뿐이고, 오직 자신이 직접 겪었던 경험이 가장 좋은 영업 노하우고 절대 그 틀에서 벗어나는 일은 하고 싶어 하지 않는다.

30년 동안 영업을 해온 A도 마찬가지다. 같이 일하는 사람들이 어떤 제안을 하면 A는 일단은 듣는 척은 하지만 절대 그 제안에 대해서 받아들이려고 생각하지 않는다. 자신이 생각하고 있는 제안이 최고라고 생각하고 어떤 상황에서도 자신이 결정이 틀렸다고 인정하지 않는 사람이다. 사람들에게 이런 이야기를 하면 "에이 요즘 세상에 그런 꽉 막힌 사람이 어디 있어요"라고 말할지도 모른다. 하지만 이런 꽉 막힌 사람들이 주변에 예상외로 많다는 것이다. 결국 추진력이 좋아서 처음에는 일을 잘한다는 소리를 들을 수는 있겠지만 결국 어느 선에서 더 이상 발전하지 못하는 스타일이다. A에게 영업망을 넓힐 수 있는 제안을 저자도 했었는데 대답으로 "좋은 생각 같다"라는 긍정적인 답변을 했지만 옆에서 지켜보면 그냥 예전 스타일로 영업을 하고 전혀 변하지 않으려고 한다. 참 곤란한 경우다.

반면, 2년 정도 영업을 한 B의 경우에는 그 반대다. 자신이 경험이 부족하다는 생각을 하고 있기 때문에 하루 중 가장 많이 하는 게 주위에서 영업을 오래 해온 사람들에게 이야기 듣는 것과 영업에 관련된 책을 사보는 것이다. 보통 영업을 시작하는 사람들의 경우 처음에는 빠른 적응을 위해 주변의 이야기를 많이 들으려 하지만 보통 1년에서 1년 반 정도 지나면 일단 자신이 어느 정도 혼자 일을 할 수 있다는 생각이 드는데 그 순간 자신의 귀를 닫아버린다. 하지만 B의 경우 조금 달랐다. 귀를 닫아버리는 일이 B

에게는 나타나지 않았다. 그래서 지금도 가장 많이 하는 일이 영업현장에서 나오는 진솔한 이야기를 정리해서 제안을 하고 제안이 채택되고 실적이 향상되는 선순환의 영업을 하고 있다. B와 만나서 이야기하다보면 참 대단하다고 느끼는 게 주로 가볍게 술을 한잔 마시려고 해도 B와는 편안한 자리란 있을 수 없기 때문이다. 일상적인 이야기를 하다가도 영업에 관련된 이야기가 나오면 B의 눈빛부터가 달라지기 때문이다. 술을 많이 마셔도 영업을 잘하는 사람의 케이스가 거론되면 머리를 통해 알코올이 수증기로 변해 날아가는 환상이 보일 정도로 B의 눈빛이 초롱초롱해진다. 말하는 사람이 마치 자신의 에너지를 흡수당하는 거 같은 싸~한 느낌을 가지게 하는 사람이다. 아마 B의 이런 습관이 계속된다면 B는 장사꾼들 사이에서도 알아주는 멋진 장사꾼으로 통할 거 같은 느낌이다.

결국 두 사람의 차이는 누구나 강조하는 남의 말을 경청해야 하다는 아주 간단한 이치를 잘 지키느냐 아니냐는 차이이다. 아주 간단하게 보이지만 생각처럼 쉽지 않은 문제다. 그래서 습관적으로 몸에 익힐 필요가 있는 법칙이 나오고 있다. 31법칙이라는 것으로 다른 사람과 이야기를 할 때 3번 듣고 1번 말하는 습관을 의도적으로 계속하는 것이다. 보통 6개월 정도 습관화하면 그 다음부터는 인식하지 않아도 자연스럽게 몸으로 실천하게 된다. 듣는 것이 얼마나 중요한가를 보험계약의 예를 통해보면 보통 영업사원의 경우 자신들의 보험이 왜 좋은지 끝없이 강조하고 결국 자신이 원하는 보험을 들어주기를 바라면서 설득에 설득을 거듭한다. 참 딱하다. 그런데 보험 정말 잘하시는 분들은 이렇게 말을 한다.

"자녀분이 이제 초등학교 들어가는가 보죠. 참 잘 키우셨네요."

그러면 부모가 한참동안 자녀에 대해서 이야기한다. 이 영업사원은 그냥 맞장구를 쳐주며 듣기만 한다. 한참 자녀 이야기를 하다가 보면 어느 순간 그 고객이 원하는 내용을 정확하게 파악하게 되고 고객이 생각하고 있는 내용을 종합해서 적절한 보험을 제안하게 된다. 고객이 망설임 없이 계약하게 되는 건 그 영업사원이 이미 고객의 마음을 정확하게 읽었기 때문에 가능한 일이다.

영업은 먼저 듣는 것부터 시작해야 성공할 확률이 높아진다는 생각을 항상 머릿속에서 잊지 마라.

Episode 2

웃음을 빼고는 영업을 말할 수 없다

- 영업은 고객을 상대하는 일이다. 그러므로 내가 좋건 싫건 고객을 만족시켜야 하는 게 영업이다. 그럼 어떻게 해야 고객을 만족시킬 수 있는가? -

어떻게 해야지 고객들은 만족할까? 이 문제의 해답을 찾기 위해 정말 많은 방법이 사용되고 있다. 하지만 알고 있지만 어쩔 수 없이 못하는 것도 있고, 알고 있지만 하기 싫은 것도 있으며, 알고만 있는 것도 있을 것이다. 왜 그런지에 대해 살펴보도록 하겠다. 요즘은 주변에서 CS(Customer Satisfaction, 고객만족)가 중요하다는 말을 들어봤을 것이다. 영어 약자로 표기되어서 생소한 사람들도 있겠지만 말을 바꿔 '손님은 왕이다' 라고 하면 어떤 말인지 짐작이 갈 것이다. 영업시장의 무한경쟁 구도가 심해지면서 비슷한 기능의 제품을 판매하거나 서비스를 제공하는 경쟁자가 많아 이제는 누가 더 고객을 위한 서비스를 잘하는가가 경쟁력을 좌지우지하는 일이 되었다.

그럼 어떤 서비스가 좋은 서비스인가? 고객들의 마음을 사로잡기 위해 대부분의 업체들이 CS 교육에 집중하고 있다. CS 교육의 대부분은 바로 웃는 거다. 고객을 처음 대할 때 영업인이 웃음으로 대하면 고객들은 일단 서비스가 좋다고 생각하기 때문에 웃는 연습부터 하는 것이다. 웃는다는 건 참 좋은 일이다. 그래서 스마일 퀸을 뽑고 최근에는 웃음치료라는 심리치료까지 생기고 웃으면 관상이 변해 복이 많이 들어온다는 '소문만복래'라는 말도 한때 많이 유행했다.

그렇다면 주변을 돌아보자. 사람들이 웃고 있는가? 행복해하고 있는가? 웃음이라는 게 얼마나 대단한가 하면 한번은 알고 지내는 한 지인이 이런 말을 한 적이 있다.

"어느 회의를 들어갔는데 정말 분위기 이상하더군. 보통 다른 회의와는 다르게 사람들이 무슨 일인지 몰라도 다들 웃고 있어서 행복해 보였어. 솔직히 나는 개인적인 문제로 골치가 아팠는데 갑자기 이런 생각이 들더군. '왜 다들 행복해 보이고 웃고 있는데 나는 왜 이럴까?' 라는 생각이 말이야. 그래서 일부로 나도 행복한척 같이 웃고 떠들었지. 그랬더니 세상 무너져 버릴 거 같이 무겁게 느껴지던 고민들이 조금은 가볍게 보이더군. 참 신기하지 않은가?" 이 이야기만 봐도 웃음이란 사람의 생각을 변화시킬 수 있는 놀라운 힘을 가진 것 같다.

그럼 잘 웃기만 하면 영업을 잘하는 것일까? 한번은 모 백화점에 물건을 사러 갔다. 판매 직원에게 해당 물건의 기능이나 사용법에 대해서 이것저것 물어보는데 이 직원이 신참이라 그런지 아니면 제품이 신제품이라 그런지 궁금한 내용에 답변을 잘 못하는 것이다. 그래도 이 직원은 웃는 교육은 참 잘 받았나 보다. 계속 싱글싱글 뭐가 즐거운지 참 잘 웃는다. 고객에게 웃음을 주는 게 최고의 서비스라면 고객이 원하는 제품이 있고 직원이 참 친절하게 잘 웃는다면 고객은 제품을 구입해야 한다.

하지만 그 매장에서 물건을 구매하지 않았다. 아무리 잘 웃으면 무엇 하겠는가. 자신이 판매하는 제품에 대해서 제대로 알지를 못하는데. 오히려 이럴 때는 아주 미안한 표정으로 해당 내용을 누구에게 물어봐서라도 질문에 제대로 대답해 주는 것이 더 좋지 않을까 한다. 웃는다고 다 되는 게 아니라는 건 바로 이런 케이스를 통해서 알 수도 있다. 이렇게 웃음으로도 안 되는 게 있는데 왜 우리는 무조건 영업을 위해서 웃어야 한다고 강요받고 있는가? 그건 우리나라 사람들이 정말 웃지 않기 때문에 일단 무조건 웃기라도 하자는 데서 시작된 거 같다. 요즘은 그나마 제품을 구매하러 어디를 다니면 잘 웃는 직원들을 만나는 경우도 있기는 하지만 그래도 대부분의 영업사원들은 잘 웃지 않는다. 백화점에서 옷 판매 코너를 가도 10명 중에 한명 웃을까 말까하고, 마트에서 물건을 구입하고 계산대에서 계산하려고 해도 먼저 웃으면서 인사하는 직원들 보기 힘들다. 웃지 않는다고 서비스가 안 좋다는 건 아니지만 그래도 웃는 게 기본이라는 걸 다들 알고는 있을 텐데 왜 이렇게 안 웃는 걸까? 그건 예전부터 동방예의지국이라 언제나 근엄한 문화 속에서 자라다보니 웃음이라는 단어가 너무나 생소해서 벌어지는 일인 거 같다는 의견이 있다. 머릿속에 웃음이라는 단어가 어려서부터 익숙하지 않으니 아무리 교육을 통해 웃어야 한다, 웃어야 한다고 강조해도 웃는 게 쉽지는 않다.

한번은 제품 사러가서 직원이 하나 무뚝뚝 하길래 "오늘 뭐 안 좋은 일이 있으신가 봐요? 표정이 안 좋네요."라고 물어봤다. 고객이 왔으면 좀 웃어줘야 하는 게 아닌가라는 말을 한 것인데 이렇게 하면 직원들이 표정이 밝아지는가? 결과를 말하면 대부분 아니다. 다소 미안해하는 직원이 몇몇 있기는 하지만 대부분 표정이나 입모양을 보면 "왜 저래. 짜증나게 내가 표정이 좋든 안 좋든 지가 무슨 상관이야."라고 말한다. 이게 우리 웃음 문화의 현재 수준이다. 무조건 기본이라고 말하는 웃는 것조차 잘되지 않는데 무슨 다음 단계의 고객만족이 있겠는가? 그러니 CS 교육이 먼저 웃는 쪽에 중심을 두고 있고 인사 잘하고 복장 단정하게 하는 교육으로 취급 받는 게 당연할지도 모른다.

이렇게 끊임없는 교육을 통해서도 고객을 웃으면서 만나는 게 왜 어려운가 하는 게 너무 궁금해서 교육을 가거나 매장에 방문해서 영업사원들에게 물어봤다. 대부분 웃는 게 익숙하지 않아서 그렇다는 대답을 했지만 "웃을 일이 있게 해줘야 웃죠."라는 대답도 있었다. 무슨 말이냐면 자기가 일하는 만큼 급여를 통해 보상을 해주거나, 장사가 너무 잘 돼서 저절로 콧노래가 나오는 상황이면 교육 안 받아도 잘 웃는다는 것이다. 얼핏 들어보면 영업사원의 입장에서 너무나 맞는 이야기 같다.

하지만 여기서 영업을 잘하는 사람과 그냥 그런 사람과는 차이가 난다. 한 매장의 A라는 지점장의 경우 웃음 하나로 유명해졌다. A지점장은 고객들과 대화를 하든 직원들과 대화를 하든 웃으면서 대화한다. 웃음 전도사라는 이름을 가지고 장사할 정도로 지점장의 얼굴에는 웃음이 끊이질 않는다. A지점장은 이 웃음으로 자신의 매장을 장사 잘되는 매장을 만들어서 유명해졌고 TV에 잠깐 나오기도 하면서 이 분야에서는 알아주는 사람이 되었다. 지금도 찾아가면 무슨 몇 십 년 알고 지내는 친구를 만난 것처럼 반가워하며 웃는다. 어떻게 항상 밝게 웃고 있을 수 있냐고 물어보니 처음에는 A지점장도 다른 영업사원처럼 웃는다는 게 어려웠다고 한다. 영업 현장에 처음 나와서 판매를 시작할 때 자신이 가지고 있는 첫인상 때문에 많이 힘들었다고 한다. 그냥 가만히 있어도 마치 화난 사람처럼 보여서 고객들과 상담 시 많은 문제가 있었다고 한다. '생긴 게 이런데 어떻게 하겠어' 라는 생각을 하기도 했지만 자신에게 제품을 사려고 방문한 고객들에게 첫인상이 안 좋다는 것은 적어도 영업사원으로서 기본부터가 안 된 것이라고 생각하면서 매일매일 웃는 연습을 끊임없이 했더니 어느 순간 자신도 모르게 자연스럽게 웃고 있더라는 것이다. 그런 다음부터 판매도 서서히 늘어나더니 어느 순간 그 분야에서 판매왕으로 자신의 위치가 바뀌었다고 한다. A지점장의 웃음이 비록 장사를 위해 억지로 웃는 것이라 할지라도 그렇게까지 하기 위해 끊임없이 노력했다는 점에서 본받을 만하다.

장사를 할 때 꼭 잘 돼야 웃거나 돈을 많이 벌어서 웃는 게 먼저가 아니라 웃으면 저절로 돈은 따라온다는 생각으로 영업을 해야 한다. 결국 '영업하는 사람들은 웃는다고 다 성공하는 건 아니지만 성공한 사람들은 잘 웃는다' 라는 이야기가 성립된다는 걸 잘 기억해야 한다. 그러니 어떻게 해서든 자신의 첫인상을 웃음이라는 마법을 가질 수 있게 끊임없이 노력해야 한다.

Episode 3

누가 더 영업을 잘하는가는 상황에 따라 다르다

- 장사를 잘하는 회사를 머릿속에 떠올려 보라. 대부분 같은 회사들을 떠올리는 사람들도 있을 것이고 전혀 예상치 못한 회사를 말하는 사람도 있을 것이다. 단순히 매출 규모만 크다고 장사를 잘하는 것은 아닐 것이다. 진정 고객을 위해 최고의 서비스를 하는 회사는 어떤 것일까? -

한번은 알고 지내는 한 전자제품을 판매하는 A라는 판매상담사가 이런 말을 해왔다. "정말 짜증나서 못해먹겠습니다. 고객이랑 1시간 이상을 상담해서 판매를 했는데, 설치부터 문제더니 결국 서비스 쪽에서 고객에게 불친절해서 고객이 해약한다고 합니다."라며 하소연을 한다. 자세하게 이야기를 들으니 설치하면서 고객이 원하는 걸 회사 규정이라 못해준다는 상황이 벌어져 고객의 마음이 좋지 않았는데 며칠 후 제품에 문제가 좀 있어 서비스센터를 방문했더니 서비스센터에서 "이 제품이 원래 좀 그렇습니다. 그런 증상 정도는 그냥 쓰시는 수밖에 없습니다."라는 답변을 받고 결국 판매한 직원에서 처음부터 이상 있는 제품을 설명하지 않고 팔았다는 이유로 욕설을 하면서 해약해 달라고 강력하게 클레임을 제기한 것이다. 어떻게 된 일인지 알기 위해 해당 서비스센터 직원에게 문의를 하니 서비스센터의 직원은 "제품 팔 때 좀 제대로 설명하고 팔아야지 대강 말하고 판매하니 이런 문제가 생기는 거 아닙니까?" 라는 이야기를 한다. 과연 누가 문제이며 누가 더 힘든 상황인가? 이 두 사람은 같이 회사 아래서 영업을 한다. 한 명은 판매영업을 하고 한 명은 A/S영업을 한다. 누구 편을 들려고 하는 건 아니지만 이 문제에 대해서 평상시에 많이 느꼈던 점을 한 기업의 예를 들어서 설명해 보겠다.

A라는 회사는 국내 최고의 기업으로 인정받는다. A라는 회사에서 일하고 있는 사람들은 자신들이 최고의 회사에 다닌다는 자부심을 가질 만큼 능력도 좋은 사람들이다. 직원들은 회사에 모든 것을 다 걸고 있다. 누구에게도 A사 다닌다고 하면 일단 사회적으로는 성공한 사람으로 인정받기 때문이다.

그렇다면 이 회사가 무엇 때문에 지금 국내 최고의 기업이 되었는가? 시간을 거꾸로 돌려보면 이 회사가 주목받기 시작한건 뭔가 새로운 제품을 만들려고 끊임없이 연구개발에 많은 힘을 기울인 것이 가장 큰 성공의 비결이기는 하겠지만 그 좋은 제품에 맞는 명품서비스를 제공하면서 고객들의 마음을 사로잡기 시작했다. A사 하면 대부분 사람들이 서비스가 좋은 회사라는 생각을 가지고 있다. 전자제품의 경우 대다수의 고객이 제품에 대한 전문적인 지식이 상대적으로 적기 때문에 일단 고장이 나면 어떻게 하지라는 생각을 하게 되고 서비스를 잘해주는 회사의 제품을 선택하는 게 안심이 되기 때문에 A사의 제품을 구매하는 경우가 많아졌고 이런 서비스의 힘을 이용해서 지금은 국내 최고의 기업이 된 것이라 해도 과언이 아니다.

그럼 이렇게 생각해 보는 건 어떨까? 서비스가 가장 좋은 회사라는 이미지는 서비스센터가 상대적으로 다른 경쟁사보다 월등히 많다는 것이 될 것이다. 물론 제품이 많이 판매되니 서비스센터도 많다는 건 당연할지도 모른다. 서비스센터가 많다는 건 고객이 제품 수리를 요청했을 때 최대한 빨리 응대를 할 수 있다는 장점을 가지고 있기 때문에 서비스품질지수도 경쟁사들보다 높을 수밖에 없다.

그런데 이 서비스 품질지수라는 게 보통 본원적 서비스, 예상외 부가서비스, 신뢰성, 친절 정도, 적극 지원성, 접근 용이성, 물리적 환경 서비스품질지수 같은 7가지 조사로 이루어진다(KS-SQI: 한국서비스품질지수 기준). 그런데 여기서 제품이 판매된 후 서비스를 받는 비율을 분석하는 자료는 찾아보기 힘들다. 다시 말하자면 제품이 100개 팔렸을 경우 그 제품이 얼마나 서비스 문의가 되는지 대해서는 정확한 자료를 찾기가 쉽지 않다는 것이다. 자료를 찾기 힘들다면 일반적인 상황으로 한번 유추해 보자. 서비스센터가 많다는 것과 서비스 문의가 많다는 건 어느 정도 정비례한다고 볼 수 있다. 최근 주변에서 많이 듣는 이야기 중에 'A라는 회사의 서비스가 좋다' 라는 말을 하면 그 회사 제품의 경우 고장이 잘 나니 서비스센터가 많고 서비스가 좋을 수밖에 없지 않느냐고 반문하는 사람들이 늘어나고 있다. 예전 같았으면 생각하지 않았던 문제들이 나타나기 시작했다는 것이다. 대부분의 사람들은 제품이 고장이 나서 서비스를 받으러 가면 예상하지 못했던 서비스센터 직원들의 친절함에 자신이 구매한 제품에 대한 만족감이 높아지고 다음에도 해당 회사의 제품을 구매한다. 조금만 생각해 본다면 고장이 나는 자체가 제품이 완벽하지 못하다는 걸 말하는 것인데 그런 건 서비스센터로 가기 전까지의 불만이다. 일단 서비스센터의 친절함을 맛보면 그런 고장에 대한 불만은 별로 신경을 쓰지 않는다는 것이다. 결국 제품이 완벽할 순 없고 이런 불만을 말끔하게 해결하고 오히려 불만고객을 충성고객으로 변화시킬 수 있는 게 서비스센터의 역할이여서 서비스의 품질을 높이기 위해 많은 노력들을 한다.

서비스센터가 하는 일은 어떻게 보면 간단하다. 제품에 불만인 고객이 방문하면 고객의 불편함을 마치 자기 일인 듯 안타까워하고 친절하게 응대하고 제품도 말끔히 고쳐 주면 된다. 이렇게 쉬워는 보이지만 한편으로는 굉장히 중요한 A/S를 가볍게 여겨서 폐업까지 하는 회사를 보면서 다시 한 번 서비스의 위력을 느끼게 된다.

그럼 이렇게 한번 비교해보자. 서비스센터와 매장에서 제품을 판매하는 판매사원 중 누가 더 친절해야 하는가? 이 질문에 대다수의 사람들은 물건을 파는 판매사원이 더 친절해야 한다고 할 것이다. 맞는 말이다. 판매를 위해서는 서비스센터에서 제품을 고쳐주는 사람들보다 몇 배는 더 친절해야한다. 왜냐면 서비스센터와 자신들이 만든 제품을 고장 나서 가지고 오면 고쳐주는 선에서 업무가 끝난다. 하지만 제품을 판매하는 입장에서는 어떻게 해서라도 다른 회사 제품이 아닌 자기 회사 제품을 잘 설명하고 고객을 설득해서 판매를 해야 하기 때문이다. 그래서 판매가 더 어렵고 고객들에게 더 많이 친절해야 한다.

그렇다면 판매사원이 서비스센터 직원보다 더 친절한가? 대부분은 그렇지 않다. 왜냐면 판매 사원의 경우 자기의 제품을 팔기 위해 최선을 다하지만 어쨌든 아직 선택을 하지 않은 고객들을 상대하기란 쉽지 않아서 2시간 이상 상담을 했는데 그냥 가버리는 고객으로 인해 허탈감이 들기도 하고 하루 종일 판매 달성률 등을 신경 쓰는 것도 대단한 스트레스다. 결국 계속되는 긴장감으로 인해 항상 행복한 표정을 유지하는 게 쉽지가 않기 때문에 친절하다는 느낌이 떨어지는 것이다. 서비스센터직원 또한 고객의 어처구니없는 클레임으로 짜증이 나기도 하고, 흔히 하는 말로 온갖 진상을 부려 일을 그만두고 싶은 상황을 겪기도 한다. 하지만 어쨌든 제품을 구매한 고객을 상대하는 일이다 보니 판매사원들보다는 나은 입장이라고 할 수 있다. 이런 말을 할 수 있는 이유는 판매사원과 서비스센터직원들에게 한번 일을 바꿔보면 어떻겠냐는 질문을 했을 때 나타나는 반응을 보면 알 수 있다. 서비스센터 직원들에게 판매스킬을 알려주고 판매영업을 해보라고 하면 대부분의 서비스센터직원들은 '그걸 왜 해야 하나' 라는 말과 '못하겠다' 는 의견 등 부정적인 대답을 하는 경우가 많다. 반면에 판매 직원에게 서비스 기술을 알려 줄 테니 A/S영업을 하라고 하면 '할 수 있다' 라는 긍정적인 대답이 더 많이 나온다는 것이다. 그만큼 제품을 판매하는 영업이라는 게 더 어렵다는 것이다.

또 한 가지 A/S영업에 대해서 말하고 싶은 게 있다. 서비스를 받다 보면 이런 말을 들을 때가 있다. "원래 이런 거라 어쩔 수 없다"라는 말이다. 참 쉬운 말이면서 절대 해서는 안 되는 말이다. 고객이 원래 그런 제품을 왜 만들어서 파느냐고 한다면 뭐라고 답변할 것인가. A전자의 휴대폰을 구입했던 이야기가 여기에 해당된다. A전자의 휴대폰을 구입한지 1달쯤 지났는데 통화할 때마다 전기가 흐를 때 나는 소리 같은 '징' 하는 신경을 거슬리게 하는 소리가 들렸다. 개인적으로 소리에 조금 민감한 게 아닌가 싶어 주변 사람들에게 해당 소리가 들리는지 들어보라고 했고 전부 소리가 난다고 동의했다. 그래서 해당 제품을 서비스에 문의해보니 액정이 큰 제품의 경우 전기의 공급이 많아서 어쩔 수 없이 소리가 날 수밖에 없다는 것이었다. 결국 서비스센터에서 하는 말은 해결책이 없으니 그냥 참고 쓰라는 게 전부였다.

이런 식의 영업은 정말 잘못된 영업이다. 물론 서비스의 입장에서 그런 상황을 문제라고 인정해 버리면 같은 제품을 구매한 전체 사용자들에게도 환불이나 제품 교환을 해줘야 하는 문제가 발생하기 때문에 안 된다는 말을 할 수밖에 없는 건 이해한다. 현재 기술로 그렇게 만들는 게 한계점인데 어떻게 하겠는가? 그렇지만 그 소리로 인해 휴대폰을 쓸 때마다 스트레스를 받는 사람의 입장은 왜 이해하지 않는가? 이런 점에서는 해외의 유명한 회사들의 다소 과감한 리콜 정책이 부럽다. 조금이라도 제품이 구조적으로 문제가 있다면 당장은 손해가 있더라도 장기적인 관점에서 기업 이미지를 위해 리콜을 선택하는 게 현명하다고 본다. 고객의 눈높이는 나날이 높아지고 있다. 이런 눈높이에 맞춰 A/S영업이 또 다른 모습을 보여줄 때가 지금이 아닌가 싶다.

Episode 4

많으면 많을수록 좋은 건 누구나 다 안다

- 장사를 하거나 영업을 하거나 고객들의 선택의 폭을 넓혀주는 건 중요하다. 선택의 여지가 없이 하나의 제품만을 권한다면 당연히 선택될 확률이 떨어지는 것이다. 그렇다고 물건을 무작정 많이 진열하고 판매할 수 있는 것도 아니다. 재고 부담이 만만치 않기 때문이다. 그럼 어떻게 해야 하는가? -

영업을 하는 사람들이 제품 진열에 대해서 가지고 있는 생각 중에 물건을 많이 진열해야 장사가 잘된다는 것이 있다. 고객이 찾는 제품이 다양할수록 장사는 잘되는 법이기 때문이다. 식당의 경우에도 처음에는 추어탕을 하다가 나중에는 추어탕에 순댓국을 추가해서 판매하고 시간이 지나면 삼계탕까지 같이 하는 곳을 볼 수 있다. 식당 뿐 아니라 아마 대부분 제품을 직접 판매하는 영업을 한다면 어떻게 해서든 많은 제품을 진열하고 판매하고 싶어 한다. 하지만 최근 들어 이런 식의 제품 진열은 하지 않는 게 좋다는 의견들도 많아지고 있다. 식당의 경우에도 자신 있는 단품 메뉴로 이름을 걸고 승부하려고 하는 곳이 늘어나고 제품도 잘 판매되는 것만 집중 진열하려는 시도가 늘어나고 있다. 사실 진열을 많이 한다는 것은 나중에 제품이 판매되지 않았을 때 재고부담을 그대로 떠안아야 한다는 문제가 있다는 걸 장사를 한번이라도 해본 사람이라면 알고 있기 때문에 이런 분위기가 생겨나는 것 같다.

그럼 제품 진열에 대해서 2가지의 사례를 통해 자세히 알아보자.

먼저 빵집의 예를 들어보자. 밥을 대신할 음식으로 오랫동안 명성을 유지해 오는 게 바로 빵일 것이다. 집 주변에 빵집이 2군데가 있다. 2군데 다 장사가 잘되는 편이다. 특히 한곳은 저녁 7시 정도 되면 빵이 다 떨어져서 더 이상 영업을 하기 힘들 정도로 장사가 잘 된다. 왜 비슷한 제품을 판매하는 데 한곳은 좀 더 장사가 잘 되고 다른 곳은 뭐가 조금 모자라는 것일까? 일단 두 매장이 장사가 안 되는 편은 아니므로 더 잘 되는 매장과 보통 잘 되는 매장으로 구분해서 좀 편하기 부르기 위해 장사가 아주 잘 되는 매장을 P매장이라고 하고 보통으로 잘 되는 매장을 T매장이라고 하겠다. 이 두 매장의 경우 상점 위치의 경우 비슷한 조건의 좋은 위치에 놓여있다. 브랜드 이미지도 둘 다 유명업체 체인이기 때문에 비슷하다고 할 수 있다. 종업원의 친절도는 P매장이 조금 더 친절하기는 하지만 T매장도 나쁜 편은 아니다. 빵집의 규모는 T매장이 오히려 P매장보다 거의 1.5배 정도 크다고 할 수 있다.

T매장의 규모가 1.5배 크니 당연히 제품 진열도 T매장이 더 많이 하고 있다. 다른 조건이 비슷하고 오히려 제품은 더 다양하게 있는데 왜 T매장보다 P매장이 장사가 잘되는 것일까? 한 고객의 예를 통해 알아보자. 이 고

객의 경우 집에서 T매장까지 가는데 걸리는 시간은 1분도 안 걸린다. P매장을 가기 위해서는 1분을 더 가야 한다. 위치상으로 T매장이 더 가깝기 때문에 처음에는 T매장에서 주로 제품을 구매했다. 그러던 하루는 생크림이 먹고 싶어 T매장에 갔다. 생크림을 찾기 위해 매장을 둘러봤지만 생크림이 보이지 않았다. 그래서 종업원에서 생크림이 없느냐고 묻자 종업원은 그냥 없다고 대답했다. 이 고객은 금일 품절이 돼서 없는 건지 T매장에서 처음부터 생크림을 판매하지 않았는지를 모르고 매장을 나왔다. 그리고는 1분을 더 가야 하는 P매장으로 갔다. P매장에는 냉장고에 생크림이 진열되어 있어서 구입할 수 있었다. 그런데 500원 하는 생크림 하나만 달랑 사가지고 나오기가 좀 그래서 생각하지 않았던 다른 빵들도 같이 사서 돌아왔다. 그리고 며칠이 지난 후 이 고객은 생크림을 구입하려고 T매장에 다시 방문했다. 이 고객의 경우 이전의 경험으로 T매장에는 생크림이 없었다는 걸 알지만 그 당시에 없었을 수도 있다는 생각과 매장 위치가 더 가깝다는 이유 때문에 T매장을 다시 방문을 하는 것이다. 매장의 입점위치가 이래서 중요한 거다. 매장에서 생크림을 찾아보니 또 보이지 않았다. 이번에도 종업원에게 생크림 없냐고 물었지만 대답은 이전 방문 때와 같은 없다는 거였다.

이 경우 종업원은 비록 생크림 유무를 묻는 고객이 같은 고객이 아니라고 해도 며칠 전에 들었던 질문과 비슷한 질문을 다시 들었다면 "오늘 생크림이 일찍 품절 되었습니다." 라든지 아니면 "저희 매장의 경우 생크림의 신선도 유지 문제로 인해 생크림을 판매하지 않습니다."라는 대답을 했어야 한다. 종업원의 입장에서는 그런 문제는 고객이 질문해야 하는 것 아닌가라고 생각하겠지만 대부분의 우리나라 사람들은 '왜 그런가요?'라는 질문을 잘하지 않는 편이다. 단순히 있느냐 없느냐만 원할 뿐이지 왜 없냐고 따지듯 질문하는 걸 별로 좋아하지 않기 때문이다. 그리고 같은 제품을 찾았을 때 2번 이상 없다는 소리를 들으면 다음부터는 해당 제품을 구매하기 위해 그 매장을 방문하지 않는다는 것이다. 이 고객의 경우에도 다음에 생크림 생각나면 T매장으로 가지 않았다. 결국 생크림 하나 때문에 현재 이 고객의 경우 P매장을 주로 이용한다. 결국 매장의 규모가 크다고 해도 진열되는 제품이 고객이 찾는 제품이 아니면 아무런 소용이 없다는 것이다. 자신들이 판매하려는 목적의 제품을 눈에 띄게 많이 진열해서 집중 판매 제품으로 만드는 것도 중요하지만 사소한 500원짜리 생크림 하나로 인해 T매장이 잃은 건 500원짜리 제품을 찾는 고객이 아니라는 걸 알아야 한다. 왜냐면 고객에 인식에 T매장이 제품 구매가 제대로 되어 있지 않다고 생각해서 재방문을 하지 않을 것이고 그러면 단순하게 생크림 하나를 못 파는 게 아니라 T매장에서 판매되는 모든 제품을 판매하지 못하는 데 문제가 있다. 적어도 같은 제품에 대한 질문이 2회 이상 되면 매장에서는 해당 제품을 준비해 놓을지 아닐지를 고민해야 한다. 그 제품 하나만의 선택이 아니라 매장에 대한 선택이 변할 수도 있기 때문이다.

이번에는 전자제품 판매점의 예를 보도록 하자. 요즘 거리에서 흔하게 볼 수 있는 게 전자제품 판매 전문점들이다. A고객의 경우에도 집 주위에 전자제품을 판매하는 곳이 유명한 곳만 걸어서 5분 거리에 3군데나 위치하고 있다. 그 가운데 한곳은 수도권에서 가장 큰 전자제품 판매매장이라고 자랑할 만큼 400평이 넘는 규모다. 다른 점의 경우 280평 정도의 규모이고 세 번째 매장의 경우 3곳 가운데 가장 규모가 작은 180평 규모의 매장이다. 보통 이론으로는 매장이 크면 당연히 다양한 제품들을 진열해서 판매할 수 있고 고객들의 선택의 폭이 넓어지므로 매출도 상대적으로 높을 것이라 생각할 수 있다.

과연 그렇다면 세 매장의 경우도 보통 이론에 맞게 가장 큰 매장이 가장 매출이 좋을까? 정답은 절대 매출로 보면 당연히 400평이 넘는 매장의 매출이 세 매장 가운데 가장 높다. 그런데 의외는 280평 규모의 매장의 절대 매출이 180평 매장의 매출보다 낮다는 것이다.

그럼 경쟁력을 알아볼 수 있는 기준으로 사용되는 평당 매출로 보면 어떨까? 평당 매출로 3매장을 비교하면 매장이 크면 제품이 많고 판매도 잘 된다는 생각이 틀렸다는 걸 알게 된다. 평당 매출이 가장 높은 매장은 180평의 매장이다. 왜 이럴까? 180평의 규모를 가진 매장의 경우 한 브랜드의 전자제품을 판매하고 있는 매장이다. 그리고 나머지 매장의 경우 혼매점이라고 불리는 매장으로 국내외 대형 전자 브랜드의 제품이 다양하게 준비되어 있다. 조건으로만 보면 왜 180평 매장이 평당 매출이 잘되는가를 이해하기 힘들다. 기존의 매장 운영에 관련된 모든 기준을 봐도 이런 경우는 거의 없기 때문이다.

문제는 전혀 엉뚱한 데 있었다. 당연히 더 많이 판매해야 하는데 그렇지 못한 건 판매 사원들의 힘이었다. 180평 규모의 매장의 경우 하나의 브랜드 제품을 판매하다보니 직원들이 자신들이 판매하는 제품들에 대해 자세한 내용을 알고 판매하고 있지만, 나머지 2개의 매장의 경우 제품이 다양하다는 장점을 가지고 있지만 반대로 제품에 대해서 다 알지 못하고 판매하는 경우가 발생했던 것이다. 실제로 A고객이 제일 규모가 큰 400평이 넘는 매장에 방문해서 제품에 대해서 궁금한 점을 물어봤더니 그 판매 사원이 말하길 “그 제품의 경우 바로 옆에 해당 브랜드를 전문적으로 판매하는 매장이 있는데 제품 설명은 거기 가서 듣고 가격을 알아 오시면 저희가 그것보다 저렴하게 해드리겠습니다”.라는 대답이었다. 이런 대답으로 400평 규모의 경우의 경우 처음에는 가격을 싸게 판매하는 매장이라는 이미지로 매출 향상에 도움이 됐지만 시간이 지날수록 고객들의 발걸음은 줄어들었다. 물론 지금도 가격이 싸면 무조건 좋다라고 생각하는 고객도 많지만 내가 구입하는 제품을 제대로 알려주는 사람에게 구매하겠다는 고객들도 늘어가고 있기 때문이다. 이런 상황에서 400평 매장의 판매 사원의 질문에 대한 대답은 정말 판매사원으로서는 있을 수 없는 상도에 어긋난 대답이었던 것이다. 아무리 제품이 많고 매장이 크고 종업원이 많은들 무엇 하겠는가. 판매되는 제품이 어떤 제품인지 모르고 있다면 아무 소용 없기 때문이다.

결과적으로 말하자면 제일 좋은 건 매장이 크고 제품도 많고 영업사원도 똑똑한 것이다. 하지만 현실적으로 불가능하다면 가장 신경을 써야 할 것은 제품을 판매하는 영업사원의 능력이 매장의 규모나 제품의 진열보다 우선한다는 것이다. 당장 진열되지 않은 제품도 영업사원의 능력으로 얼마든지 판매는 가능하기 때문이다. 요즘은 자신의 입맛에 맞으면 라면하나를 먹기 위해 차량으로 1시간을 가서라도 먹고 오는 사람들이 늘어나고 있다. 주변에 그 수많은 라면을 파는 곳이 있지만 1시간 떨어져 있는 곳까지 가는 이유는 그곳이 그 사람에게 맞는 제품을 가지고 있기 때문이다.

영업에 있어서 다양함도 중요하지만 하나의 제품이라도 고객에게 맞는 제품이라면 얼마든지 성공할 수 있다는 것이다.

Episode 5

마음까지 저렴하게 팔진 마라

- 100만 원 하는 제품을 판매하는 사람과 100원 하는 제품을 판매하는 사람은 제품 판매할 때 마음가짐도 다르다. 100만 원 하는 제품을 판매하는 사람들은 판매를 위해 더 많은 노력을 할 것이고 100원 하는 제품을 파는 사람은 그 노력이 덜할 수 있다는 것이다. 하지만 이건 생각은 절대 잘못된 것이다. -

"주로 어디로 쇼핑을 다니십니까?" 라는 질문을 해보자. 수많은 대답이 나올 것이다. 그럼 "비싼 제품을 선물하기 위해서 제품을 구매하면 어디로 가십니까?" 라는 질문을 하면 대답의 범위는 조금 좁아질 것이다. 일단 보통 사람들의 기준에서(너무 부자들은 어디로 가는지 모르겠다) 백화점 하면 고급스럽고 비싼 이미지를 가질 것이고, 할인점 하면 생필품을 저렴하게 구입할 수 있는 곳으로 기억할 것이다. 재래시장은 조금은 따뜻한 정이 느껴지는 곳으로 기억할 것이고, 전문 대리점이라면 판매하는 제품에 대해 너무나 잘 알고 있는 사람이 있을 거라는 생각을 하게 된다. 이렇게 이미지가 고정된다는 것은 결코 좋은 것이 아니다. 그래서 어떻게든 자신들이 가지고 있는 좋은 이미지는 활용하고 좋지 않은 이미지는 좋게 변화시키기 위해 노력하는 것이다. 항상 고객들이 생각하는 범주를 뛰어넘지 못하는 자세로 장사를 하면 그냥 폐점하는 날만 기다리는 장사치가 된다.

간단한 예를 들어보자. 세계적으로 유명한 대형마트 가운데 몇몇 브랜드가 국내에 들어와서 토종 대형마트들과의 경쟁에서 어떻게 되었는가? 대부분 국내 대형마트에 흡수되었다. 왜 세계적으로 유명한 기업들이 우리나라에만 오면 머리 깎인 삼손처럼 힘을 못쓰는 것일까? 이유는 어떻게 생각하면 간단하다. 국내 소비자의 수준을 잘못 본 것이다. 외국계 마트의 경우는 우리나라 시장을 제외한 다른 곳에서는 그냥 창고 형태로 물건만 저렴하게 판매하면 별 문제없이 영업이 이루어졌다. 그래서 우리나라 시장에서도 '별반 다를 게 없겠지' 라는 생각으로 쉽게 접근했다가 살아남지 못한 것이다. 물론 처음에는 새로운 이미지로 선풍적인 인기를 끌었지만 비슷한 형태의 마트들이 속출 하면서 고객들의 반응은 싸늘해졌다. 국내 대형마트는 비슷한 가격에 쇼핑할 때 시설도 좋고 분위기도 백화점 수준으로 향상 시켜서 영업을 한다. 당신이 제품을 구입하려고 가족들과 쇼핑을 간다면 비슷한 가격에 창고형태의 매장으로 가겠는가 아니면 백화점 수준의 시설을 갖춘 곳으로 가겠는가? 그러니 문을 닫는 게 당연한 것이다. 외국계 대형마트들의 이런 국내 소비자의 수준을 조금만 빨리 파악했다면 지금처럼 초라한 결과를 얻지는 않았을 것이다.

아는 지인 가운데 쇼핑을 굉장히 좋아하는 A가 있다. A와 옷을 사기 위해서 쇼핑을 가려고 하면 항상 먼저 하는 말이 있다. 아울렛은 절대 안 간다는 것이다. A가 사는 집근처에는 유명한 대형 아울렛 매장이 즐비하다. 그런데 절대 그곳에는 안 간다는 말을 먼저 한다. 얼핏 생각하면 너무 돈이 많아서 아울렛 같은 곳에서는 옷을 안사는 거 아닌가라는 오해를 할 수 있지만 이야기를 들어보면 그렇지 않다. A의 말은 이렇다. 지금까지 아울렛 매장에 옷을 사기 위해 몇 번 갔었지만 자신이 생각하고 있는 가격의 제품들이 있는 곳이 아니라는 것이다. 실제로 가격이 저렴한 제품의 경우 옷의 디자인이나 상태가 몇 년은 된 제품들이고 신상품의 경우 백화점과 가격 차이가 나지 않아서 결국 살만한 옷이 없다는 것이다. 유명브랜드 신발의 경우 저렴해서 아울렛에서 한번 샀는데 알고 보니 'AS가 안 되는 제품이더라' 라는 말을 한다. 결국 따져보면 가격이 싼 제품은 살만한 게 없고 사고 싶은 제품은 백화점과 비교해서 가격차이가 안 난다는 것이다. 그러니 싸게 구입하려면 인터넷으로 구입하든지 하고 제대로 사 입으려면 백화점으로 가자는 것이다. 한번은 명품을 판매하는 아울렛이 생겼다고 해서 먼 거리를 갔을 때도 마찬가지였다. 할인폭도 별로 좋지 않고 국내에서 가장 인기 있는 제품은 노세일 노아울렛 정책으로 입점조차 되어 있지 않았다. 주위에 한번 그곳에 다녀온 사람들의 이야기를 들으면 거의 대부분은 다신 안 간다고 한다. 그 돈이랑 시간이면 청담동 가서 멋지게 구경하면서 살 수 있다는 것이다.

그래서 A에게 "그냥 같은 제품 비슷한 가격이면 백화점이나 아울렛이나 상관없이 구입하면 되지 않느냐" 물었더니 A가 하는 말은 이렇다. "물론 가격은 비슷하지. 하지만 다녀본 바로는 직원들의 상담 수준이나 태도가 다르다. 그러니 좀 편하게 서비스 받으면서 수준 있게 보이는 백화점에 가지 뭐 하러 같은 돈 쓰면서 덜한 대우를 받겠니?"라는 말이다. 사실 같이 쇼핑을 다녀봤더니 아울렛에서 제품에 대해서 친절한 상담을 듣기란 쉽지가 않았다. 주변에 결국 제품이 저렴하다고 판매사원의 서비스까지 저렴하다는 느낌을 받는 순간 고객들은 발걸음을 돌린다. 이런 아울렛에 대한 고정관념을 가지고 있는 사람들이 늘어나고 있다는 건 가격적인 메리트보다 합리적으로 소비를 하는 고객이 늘어난다는 의미에서 바람직하다고 볼 수 있다.

그래서 요즘 아울렛 업체들도 친절을 앞세워 영업을 하는 곳들이 서서히 늘어나고 있다. 직원들의 친절 교육을 강화하고 불친절 사례가 신고 되는 매장에는 패널티를 가하는 등의 방법으로 고객들의 마음을 돌리려고 하고 있다. 이런 아울렛과는 조금 다르지만 저렴한 가격에 나만의 스타일을 찾는 사람들을 위한 쇼핑 공간이 생겼는데 바로 동대문 쇼핑센터다. 가격도 저렴하고 직원들도 대부분 1인 사장 매장이기 때문에 친절할 수밖에 없다. 그래서 위치가 멀어도 동대문 쇼핑센터를 한번 가는 것도 좋았던 시절이 있다. 하지만 지금은 어떤가? 예전만 못하다. 아직 10대나 20대 초반의 주 소비층으로 유지는 시켜주고 있지만 예전처럼 성황을 이루지는 못하고 있다. 이유는 간단하다. 그만한 가격과 서비스를 받을 수 있는 곳이 많아졌기 때문이다.

이런 문제를 동대문 쇼핑센터도 모르는 건 아니다. 그래서 동대문 쇼핑센터가 지속적으로 이런 문제를 뛰어넘기 위해 외국인 관광객을 상대로 하는 장사나 주변 청계천과 연계해서 장사하는 모습 등 변화하려고 노력하고 있는 모습은 좋아 보인다. 이런 노력 속에서 빨리 안정화된 해결책을 찾는 게 중요해 보인다. 그리고 또 하나의 예로 얼마 전 방송 등 언론매체를 통해 떠들썩했던 야채가게로 센세이션을 일으킨 장사꾼들도 기존의 고객의 생각을 넘어서서 성공한 사례이기는 하다. 하지만 체인이 계속해서 늘어나면서 그 야채가게에 대한 사람들의 관심도 조금씩 떨어져가고 있는 모습을 보인다. 결국 고객들에게 판매 직원이 재미있고 하는 말이 자신감 있으며 제품이 신선하고 서비스가 좋다는 완벽한 모습의 장사꾼들이 처음에는 뭔가 달라보였지만 한번 겪은 일은 식상해하는 고객심리로 인해 이제는 그냥 그런 행동으로 보이는 것이다. 그래서 이 야채가게도 이제는 또 다른 새로운 시도를 통해 고객들에게 어필하지 못한다면 동대문과 마찬가지로 점점 그 명성은 떨어질 것이다. 아직은 고객들의 마음속에 가격에 대한 기대치가 친절함에 대한 기대치보다 높기 때문에 '무조건 가격이 싸면 잘 팔린다' 는 생각이 유효할지도 모른다.

하지만 고객들의 수준은 계속해서 높아지고 있고 이제는 가격이 싸다고 무조건 구매하는 절대 가격 지향 고객유형의 숫자가 점점 줄어들고 있기 때문에 가격이 저렴하다는 장점도 더 이상 장점이라고 말할 수는 없다. 그러므로 가격보다 무엇이 중요하고 그것을 어떻게 고객들에게 전달할지를 고민해야 오랫동안 살아남는 장사꾼이 될 것이다. 절대 판매제품이 저렴하다고 마음까지 저렴하게 팔지 말아야 한다.

Episode 6

뭐가 우선인지 생각하고 행동하라

- 인생을 살면서 가장 우선적으로 생각해야 하느냐는 질문에는 다양한 대답이 있을 것이다. 하지만 영업을 하는 데 우선순위는 어떤 영업을 하느냐에 따라 확연히 잡혀 있다. 그 순서가 맞지 않는다면 영업에서 성공하기 어렵다. -

간식거리로 떡볶이나 어묵 등을 가판대에서 판매하는 사람이 있다. 이 영업을 하는 사람의 우선순위는 무엇일까? 음식을 파니 일단 맛이 우선이 될 것이다. 그 다음은 무엇인가? 일명 '목' 이라고 하는 입점위치가 중요하고 그 다음으로는 재료나 청결함 그리고 주인의 친절함 등이 나열될 것이다. 그런데 이런 상황이라면 어떨까? 맛은 조금 없지만 위치가 좋고 주인이 친절한 가게와 맛은 있지만 위치가 애매하고 주인이 불친절하다면 어떤 선택을 할 것인가? 먼저 조건으로 떡볶이나 어묵을 판매하는 장사를 한다고 했기 때문에 아마 위치가 좋고 주인이 친절한 집이 더 많은 손님이 있을 것이다. 다만 단순한 간식거리가 아니라 고급스러운 맛집을 찾는다고 하면 우선순위는 또 달라질지도 모른다.

글을 읽으면서 상황에 따라 우선순위가 매번 바뀐다면 우선순위 자체라는 게 중요하지 않은 거 아닌가라고 오해할지도 모른다. 하지만 첫 번째와 두 번째 가장 큰 우선순위는 순서가 변해도 상관없다. 하지만 주인은 굉장히 친절한데 맛이 없는 집이나, 너무 청결하게 장사를 하는데 '목'이 좋지 않다면 안 된다는 것이다. 이런 우선순위는 우리 주변에서 자주 찾아볼 수 있다. 자동차정비를 예를 들어 보자. 만약 자동차에 문제가 생겨 정비소를 찾아간다고 하자. 일단 자신이 타고 다니는 차량의 지정 정비소를 찾게 될 것이다. 왜냐면 일단 지정 정비소의 경우 넓고 친절하며 차량수리도 잘할 것이라 생각하기 때문이다.

실제 한 고객이 차량에 이상이 있어 지정점을 찾았다. 어떤 이상이냐면 핸들을 돌렸을 때 아주 미묘하게 탁탁거리는 소리가 나는 거였다. 정비사에게 자신이 겪고 있는 불편함에 대해서 이야기했고 정비사는 해당 부위에 대한 수리에 자신감을 표명했다. 그리고 조금 시간이 지난 후 정비사가 해당 문제는 등속조인트라는 부위가 잘못되어 발생하는 문제라며 수리를 해야 한다고 했고 다행히 무상 정비기간에 속해 있어 무상으로 교환을 받았다. 그러나 며칠 후 다시 같은 문제가 생겨 재방문을 했고, 해당 정비소에서 점검을 받았지만 이상이 없는 거 같다는 답변만 들었다. 어쩔 수 없이 신경 쓰이는 것을 감수하고 그냥 차량을 타고 다녔는데 한번은 아는 사람 소개로 차량을 정말 잘 본다는 곳을 알게 되었다. 집에서 좀 먼 곳이었지만 계속 그대로 타고 다니기 찝찝해서 가보기로 했다. 도착한 장소에는 이게 정비소가 맞는가 하는 생각이들 정도로 그냥 도로변에 조그마하게 운영하고 있는 정비소였다. 사장님도 뭐 그리 친절한 거 같지 않고 사무실에 앉아 있기 민망할 정도로 불결했다. 별로 크게 기대를 하고 있지는 않았지만 차량을 몰고 한번 시운전 해보고온 사장님이 한마디 했다. "핸들과 연결되는 고리부분에 구슬이 있는데 그곳에 이상이 있는 거 같다." 일단 알았으니 정비를 부탁한다고 하고 잠시 후 수리된 차량을 받았다. 과연 괜찮을까 하는 의구심은 있었지만 2년이 지난 지금까지 차량에는 해당 증상이 다시 나타나지는 않고 있다. 이렇게 한번 겪고 나니 엔진오일 등 간단한 소모품을 교환할 때는 가까운 곳에 다녀도 중대한 문제가 생긴 거 같으면 먼 거리지만 해당 사장님을 찾을 수밖에 없다. 결국 자동차 정비의 우선순위는 무조건 잘 고치는 거라고 할 수 있다.

또 하나는 우선순위를 생각해볼 분야는 제품을 판매하는 것이다. 판매하는 제품을 세탁기로 예를 들어 설명해보자. 세탁기 판매의 우선순위는 무엇일까? 대부분 세탁기 판매사원들에게 상담을 받다 보면 자신들이 판매하는 제품이 가지는 신기술에 대해서만 이야기를 한다. 어떤 기능이 있어서 좋고 어떤 기능은 너무 편하고 등의 이야기를 한다. 그런데 너무 좋아서 거론할 가치가 없어서 그런지 가장 첫 번째 문제인 세탁은 잘 되는지에 대해서는 이야기하는 사람이 별로 없다. 최근 나오는 세탁기가 과거의 세탁기와 방식이 다른데 어떤 점 때문에 최근에는 이런 방식의 세탁기를 선호한다는 설명을 할 때는 왜 새로운 세탁 방식이 좋은지에 대해서 설명하는 게 가장 우선이다. 디자인이 예쁘다든지 특수 기능이 있다든지 하는 이야기는 그 다음이다. 이런 우선순위를 지키면서 판매하는 사원과 그렇지 못한 사원의 경우 판매 후 고객 만족도에서 많은 차이를 보이고 있다.

제대로 설명하지 않고 판매한 제품에는 반드시 후환이 생기게 마련이기 때문이다.

마지막으로 우선순위를 고민하게 되는 게 한 가지 있다. 대형할인마트 계산대에 근무하는 영업사원들의 경우 우선순위는 과연 무엇일까라는 고민을 하게 된다. 그런데 대형마트 계산대의 경우 우선순위가 뭐 있을까라는 생각을 할 수도 있지만 생각해보면 어렵다. 쇼핑카트를 밀고 쇼핑을 한 다음 계산대에 줄을 섰다고 생각해보자. 자기가 긴 줄 뒤에 서서 기다리고 있을 때는 빨리 빨리 계산을 잘하는 분이 정말 좋은 사원 같아 보인다. 하지만 자신의 차례가 되면 친절하게 일을 잘 처리해주는 게 좋은 사원이 된다. 그 잠깐 사이에 고객의 마음은 변하는 것이고, 결국 가장 좋은 건 계산 빨리 하면서 친절한 분이 아마도 대형마트에서는 가장 소중한 직원분일 것이다.

그러나 현실은 그렇지 않다. 대부분 일하는 게 힘들다 보니 친절 교육을 그렇게 끊임없이 받았음에도 불구하고 밝게 웃으면서 고객을 맞이하는 사원도 별로 없을뿐더러 '세월아 네월아' 느릿느릿 계산을 하면서 불친절하기도 해 물건을 사면서도 기분이 별로인 날도 있다. 하지만 소비자의 입장이 아니라 근무자의 입장에서 보면 그 오랜 시간동안 서서 똑같은 일을 그렇게 반복하면서 기분이 좋을 리가 있을까라는 생각을 하면 그분들이 충분히 이해가 된다. 그 이해의 뒤에는 밀려오는 컨베이어 벨트의 악몽이 남아있기 때문이다.

과거 여러 가지 일을 해보면서 가장 힘들었던 일을 손꼽으라고 하면 대학 다닐 때 한 공장에서 선풍기랑 탈수기 조립라인에서 일한 게 가장 힘들었던 기억으로 떠오른다. 일단 앉을 시간이 없으니 다리가 너무나 아프고 조금의 휴식도 없는 끊임없이 벨트를 타고 밀려오는 일을 하고나면 온몸에 힘이 다 빠지는 건 당연하고 거기에 하루 종일 그렇게 일해도 급여가 얼마 되지 않는다는 또 하나의 힘 빠지는 일이 있었던 경험이 있다. 정말 사람을 기계처럼 일하게 하는 라인 시스템은 노동의 효율성은 좋을지 몰라도 인간이 가지는 감정은 무시하는 현대 사회의 노동 문제 중 하나라고 생각한다. 대형할인마트에 근무하는 사원들의 우선순위가 그래서 어렵다. 계산대에 근무하는 직원 분들의 경우 해당 근무시간 내내 서서 계산을 해야 하는 반복 작업에 너무나 힘들게 일하고 있다. 얼마 전 의자를 마련해서 앉아서 일할 수 있게 한다는 대형마트도 있었지만 대부분 대형마트의 경우 근무시간 내내 서서 계속되는 계산을 해야 하는 어려움이 있다. 이런 근무자를 위한 새로운 시스템의 도입이 대형마트에서는 절실하게 보인다. 우선순위란 명확하기도 하지만 판단이 모호하기도 한 부분이다. 음식점이야 맛있으면 되는 거고 자동차나 의사는 잘 고치면 되는 거고, 변호사는 승소하면 된다. 하지만 고객의 입장과 판매자의 입장에서 우선순위가 다른 것들도 많이 있기 때문에 자신이 하고 있는 일의 우선순위가 뭔지 정확하게 알고 일처리를 하는 게 중요하다. 엉뚱한 일로 시간을 낭비하다 결국 중요한 일을 처리하지 못하면 별로 달갑지 않은 결과만 나가올 것이기 때문이다.

Episode 7

지속적으로 할 수 있는 일을 하자

- 어떤 관계든 영업을 하면서 한번으로 끝날 일을 해서는 안 된다. 경품 행사 등 한 번의 이슈성 이벤트로는 영업시장에서 살아남기 힘들다. 고객들에게 지속적으로 해줄 수 있는 무엇인가를 찾는 것이 중요하다. -

사람의 마음이란 참으로 간사하다. 이런 경우를 생각해보자. 언제 부턴가 친한 동료가 매일 아침에 음료수를 챙겨주는 것이다. 보름 정도 매일 음료수를 챙겨줬는데 그 다음부터 며칠간 그런 일이 없었다. 이럴 때 무슨 생각을 하겠는가? 사람들은 보름 동안이나 음료수를 챙겨준 것에 대해서 고마웠다는 기억보다는 "왜 갑자기 음료수를 안줄까?" 라는 생각부터 "어쩔 수 없지만 그래도 줄려면 계속 주지." 라는 생각을 하는 사람까지 상당히 많은 의견이 있을 것이다. 다른 비슷한 예를 보자. 한 사람은 애인을 위해 매년 화이트데이든 로즈 데이든 모든 기념일을 정말 꼼꼼하게 챙긴다. 그리고 다른 한 사람은 기념일을 챙기는 건 전혀 안할 뿐 아니라 심지어 생일까지도 잘 챙기지 않는다. 그런데 매번 꼼꼼히 챙기던 사람이 어느 하나의 행사를 잊어서 이벤트를 못했다고 해보자. 상대방의 반응은 '그럴 수도 있지' 라는 반응이 아니라 그거 하나 안 챙겼다고 아마 당신을 상당히 피곤하게 몰아 부칠 것이다. 반면 그런 이벤트는 신경도 안 쓰던 사람이 어느 날 그냥 아무 생각 없이 기념일 하나를 챙기는 일이 발생했다. 정말 사소한 거 하나 그냥 챙긴 건데 주위의 반응은 '사람이 변했네', '이제 인간이 되려나 보다' 라는 상상 이상의 호평을 받게 될 것이다. 이렇게 어떤 일을 할 때 그 일을 지속적으로 할 수 있는가 없는가는 중요하다. 한 백화점 생선구이 판매점에서 발생한 사례를 통해 얼마나 중요한 문제인가를 알아보도록 하자.

백화점 식품관에 가면 생선구이를 판매하는 곳을 볼 수 있다. 생선구이라는 게 한번 해본 사람은 알겠지만 집에서 구울 경우 상대적으로 가격은 저렴하지만 굽고 난 다음에 메케한 냄새와 뒤처리가 여간 귀찮은 게 아니라서 생선구이를 파는 매장을 지켜보면 생선구이를 사서 먹는 사람들도 상당히 많다는 걸 알 수 있다. A백화점 지하 식품관에도 생선구이를 판매하고 있다. 이전에는 생선구이를 판매하는 매장이 없었는데 이번에 리뉴얼하면서 생겼다는 소식을 DM을 통해 보고 A백화점 식품관이 어떻게 바뀌었고 매장 구성이나 판매 물품은 어떤가 하는 직업의식이 작동해 A백화점 식품관으로 갔다.

도착해 보니 식품관은 새롭게 리뉴얼 하면서 한층 청결하고 코너 구성도 깔끔하게 잘 되어 있었다. 먼저 백화점 식품관 내 생필품 코너에서 물품을 구매하고 결제를 하려는데 구입한 제품 가운데 하나가 등록이 안돼서 가격을 알 수 없다는 이유로 결제를 한참 기다려야 했다. 직원이 전산이 아직 완벽하지 않아서 그렇다고 사과했지만 백화점 정도 되는 규모의 매장에서 새롭게 리뉴얼 오픈은 한 달 전부터 광고를 하면서 이 정도의 기본적인 준비도 안하고 고객을 맞이하는 모습에 실망했다. 실망감을 안고 DM에서 본 생선구이 매장으로 가서 메로 구이를 구입한 후 집으로 돌아왔다.

문제는 다음날 아침이었다. 전날 구입한 메로 구이를 먹는데 다른 곳에서 먹던 것과는 조금 다르게 단맛이 강하게 났다. 워낙 단맛을 별로 좋아하지 않기도 했지만 평소에 화학조미료가 들어간 음식을 먹지 않아 혹시 조미료를 사용한 게 아닌가 싶어 메로 구이에 들어간 조미료 성분을 알아보기 위해 매장에 전화를 했다. 여기서 또 다시 감정이 상하는 일을 겪게 된다. 매장에 3번 정도 전화를 했는데 상대방 음성은 들리지 않고 매장의 웅성웅성 거리는 소리만 들렸다. 슬슬 화가 나서 백화점 고객만족센터로 전화를 했고, 당장 생선구이 매장 담당자에게 전화를 해줄 것을 요청했다. 10여분 지나고 전화가 왔다. 전화를 통해 해당 제품에 대한 질문을 하자 그곳 점장이라는 사람의 대답이 이랬다.

"고객님! 일단 저희 제품이 입에 맞지 않으셨다고 하니 너무 죄송합니다. 고객님이 걱정하시는 화학조미료 때문에 단 맛이 나는 게 아니라 저희 소스가 데리야끼 소스라 물엿과 설탕 등이 다소 많이 들어가서 입맛에 맞지 않으신 것 같습니다. 그 점 미리 설명 드리지 못해 죄송하고, 언제든 오시면 해당 제품을 환불 또는 다른 제품으로 교환해 드리겠습니다. 그리고 드시던 메로 구이는 안가지고 나오셔도 됩니다. 금액만 기억하고 오시면

처리해 드리겠습니다."

어찌 보면 입맛이란 지극히 주관적이고 개인적인 문제인데, 입맛을 맞추지 못해 죄송하다는 말을 들으니 다소 미안한 마음도 들고, 또한 환불 절차도 다른 곳과 달리 '구매했던 영수증이나 카드는 안 가져오셔도 금액만 확인해서 말씀해주시면 기록을 찾아 취소해 드리겠다'는 이야기에 새로 오픈해서 그런지 정말 고객에 대한 친절도가 넘치는구나 생각을 했다. 전화 통화를 마치고는 생필품 코너의 전산 문제나 전화를 빨리 받지 않았던 모든 문제가 아무런 일도 아닌 듯 사라지면서 오히려 민감하게 반응한 것 같다는 생각에 미안한 마음까지 들었다. 오후에 매장으로 가서 전화했던 사람이라고 밝히니 전화를 받았던 점장이 환히 웃으며 불편함을 드려 죄송하다고 하고 환불을 해드리겠다는 것이다. 이렇게까지 친절한데 환불받기도 그렇고 해서 그냥 다른 제품으로 교환하겠다고 했고, 너무 친절해서 다소 미안한 마음에 다른 제품도 더 구매해서 잔액을 치러야겠다는 생각에 처음 구매액의 2배 정도의 생선구이를 샀다. 그런데 점장이 말하길 "불편함을 끼쳐 드린 만큼 차액에 대해서는 받을 수 없습니다. 더 필요하신 거 있으시면 얼마든지 가지고 가세요. 괜찮습니다." 그리고 완벽한 마무리 멘트로 "고객님. 이번에 불편함을 끼쳐 드린 메로 구이의 경우 소스를 안 하거나 조금 약하게 하는 방법도 있으니 다음부터는 구매 전에 미리 연락을 주시면 고객님에게 맞게 준비해놓고 있겠습니다. 지금 가져가시는 생선구이도 다 드셔보시고 또 불편한 점 있으시면 얼마든지 연락주세요." 라며 명함을 건네주었다.

누가 봐도 정말 대단한 영업사원이다. 어디에 내놔도 될 만큼 좋은 우수

사례라고 할 수 있다. 그런데 뭐가 문제인가? 고객에게 친절하고 배려하는 마음은 어디 내놓아도 좋지만, 만약 그런 경우가 한명의 고객이 아니라고 생각해보자. 이런 이야기가 다른 사람에게 옮겨 다니며 다른 고객이 똑같은 문제를 재기하고 똑같이 처리해주기 시작한다면 아마 매장은 더 이상 유지할 수 없을 것이다. 그렇다고 어떤 고객은 해주고 다른 고객은 안 해줄 수도 없는 것이며, 이번에는 해주고 다음에는 안 되는 것도 있을 수 없는 일이다. 결국 모든 사람에게 똑같이 해줄 수 있는 일이 아니면 쉽게 시작해서는 안 된다는 것이다. 한 명의 고객의 마음을 사는 것도 중요하지만 모든 고객에게 똑같이 대우를 하는 것도 중요한 일이기 때문이다.

그럼 비슷한 예를 하나 더 보기로 하자.

똑같이 처리하지 않아서 고객과 영업사원이 서로 감정이 좋지 않는 일도 있다. 한 대기업의 고객클레임 부서에 접수된 내용들을 보면 제품을 구매했는데 사은품이 마음에 안 든다는 클레임을 볼 수 있다. 어떻게 보면 참 웃긴 일이다. 제품은 좋은데 고객의 만족도를 높이기 위해 무상으로 제공한 사은품이 마음에 안 든다고 제품 전체를 환불 요청하는 등의 클레임을 제기한다는 건 누가 봐도 앞뒤가 맞지 않는 이야기지만 실제로는 많이 겪는 일이다. 왜 이런 문제가 발생하는가? 대부분의 클레임을 건 고객의 경우 주변의 다른 지인이 비슷한 정도의 제품을 구매했고, 그때 받은 사은품과 자신이 받은 사은품을 비교하고 클레임을 거는 경우가 많다. 즉, 사은품 하나를 주더라도 지속적으로 다른 사람에게 해줄 수 있는 걸 제공해야 한다. 그게 안 될 경우에는 고객님에게만 특별히 제공되는 것이라 다른 사람들에게 사은품에 대한 이야기는 하지 말아 달라는 신신당부를 잊어서는 안 된다. 무료로 기분 좋으라고 챙겨준 사은품이 칼이 되어 돌아 올 수도 있다는 점을 생각해야 한다.

한번으로 끝나는 행동은 사람에 대한 큰 신뢰를 잃게 한다. 영업은 한번만 잘하면 되는 게 아니라 꾸준히 잘해야 하는 것이다. 아무리 잘하더라도 한 번의 실수로 신뢰가 무너지면 그냥 한번이라고 말할 수도 있겠지만 고객과의 한번의 실수는 그 고객을 영원히 잃을 수 있다는 점에서 중요하다.

Episode 8

영업을 쉽게 배우는 법도 알아야 한다

- 영화에서 자주 보는 장면들이 있다. 검법을 수련하기 위해서 뛰어난 스승을 모시고 열심히 수련하거나 달리기나 음악을 잘하기 위해서 뛰어난 지도자를 통해 배우는 등의 행동이 많이 보인다. 그렇다면 영업을 배우려면 어떻게 해야 하는가? -

영업을 잘하기 위해서는 잘하는 사람을 지켜보며 그걸 따라하고 자신의 것으로 한 단계 더 발전시키는 게 중요하다. 하지만 현실적으로 영업노하우를 배우는 게 그리 쉽지만은 않다. 그래서 간접적으로 선택하는 게 성공한 사람들의 이야기나 성공을 위한 조언을 해주는 책을 읽는 것이다. 그런데 책이라는 것의 한계가 있는데 정말 독서를 좋아하는 사람이 아니면 잘 보지 않는다는 것이다. 책을 살 때는 당장이라도 다 읽을 것처럼 열의를 보이지만 실제로 읽기 시작하면 몇 페이지 안 읽고 전시용으로 책장을 장식하는 게 다반수이다. 읽는 사람도 문제가 있지만 책 자체로도 문제가 좀 있기는 하다. 라디오 광고나 신문 광고 문구가 너무 좋아서 구입해서 읽다

보면 내용의 대부분이 유명한 기존 서적 짜깁기 한 것에 몇 줄 자신의 생각을 써넣은 책들도 많고 일명 베스트셀러라는 책들을 읽어봐도 그 몇 백 페이지 가운데 이거구나 하는 내용을 찾기란 쉽지도 않고 읽는 사람들마다 감동을 받는 포인트도 틀리고 아무리 읽어도 도대체 무슨 말을 하는지 모르겠다는 생각이 드는 책들도 있다. 특히 외국의 영업노하우 서적들은 번역상의 문제로 인해 그 원작자가 말하려고 하는 의미가 그대로 전달되지 않아 정말 어렵게 느껴지는 적이 많다. 물론 지금 읽고 있는 책도 대형서점의 정말 셀 수 없이 많은 책 가운데 그냥 하나의 책으로 여겨질 수 있다는 것도 알고 있다. 이렇게 책을 통해 지식을 쌓는다는 게 어렵다면 좀 더 쉽게 다른 사람의 좋은 영업 노하우를 배울 수 있는 방법들이 없을까를 고민하게 된다.

그래서 몇 가지 방법을 소개하고자 한다. 먼저 강연회를 잘 이용하라는 것이다. 요즘은 무료로 진행되는 강연회나 아주 저렴한 비용으로 좋은 내용 전달 받을 수 있는 강의들이 참 많다. 본인 의지만 있다면 얼마든지 쉽게 오랜 시간 몸으로 배운 고급 영업 노하우를 배울 수 있다. 그렇다고 요즘 선풍적인 인기를 모으고 있는 주식이나 부동산에 대한 강연회만 다니지 말고 인생 전반에 걸친 도움이 되는 강연회를 찾아 다녀야 한다. 다음 방법으로는 전문가에게 컨설팅을 받는 것도 쉽게 영업에 대한 노하우를 배울 수 있는 방법이다. 컨설팅이라는 단어에 대해 낯설기도 하고 꼭 그런 걸 해야 하냐고 생각하기 때문에 아직 국내에서 컨설팅에 대한 인지도가 낮아 좀 생소하기도 하고 다소 비용이 많이 들어가는 문제가 있기는 하지만 얻을 수 있는 결과물이 많다는 점을 생각한다면 상당히 효과적인 방법이 될 수 도 있다. 다음 방법은 발품을 팔아 잘되는 매장을 찾아다니며 벤치마킹을 하는 것이다. 가서 보고 배우면 되는데 이 방법의 경우 시간을 많이 들여야 하고 벤치마킹을 하려는 대상의 노하우를 얼마나 잘 전달 받느냐가 중요하다.

그런데 이런 방법 다 귀찮고 그냥 좀 더 편하게 배울 수 있는 방법을 찾고 있는 사람들을 위해 한 가지 방법을 알려주겠다. 2006년도에 한 영업사원에 대한 1:1 컨설팅을 진행한 기억이 있다. 이 사원의 경우 주변으로부터 완벽한 영업사원이라는 칭찬을 들을 만큼 영업에 대해서는 타고났다는 생각이 들었다. 컨설팅 결과도 매우 뛰어난 사원이라는 결과를 받았는데 이 사원이 영업이 대한 노하우를 얻는 방법에는 독특한 내용이 하나 있었다.

이런 저런 이야기를 하다가 어디서 영업에 대한 아이디어나 일에 대한 추진력을 배우느냐는 질문을 했는데 이 직원의 대답은 이랬다. "사실로 말씀 드릴까요? 아니면 그냥 일반적인 대답을 해 드릴까요? 사실대로 말해 달라고 했더니 직원은 말은 이랬다. "좀 창피하기는 한데 어려운 일은 아니고 그냥 집에서 편안하게 배울 수 있어서 너무 좋은 방법이 하나 있습니다. 어떤 방법인지 궁금하시죠."

이 대답을 듣고는 이렇게 반문했다. "혹시 그거 읽는 책이기는 한데 글자보다는 그림이 많은 그런 책 아닌가요?" 그러자 그 직원은 어떻게 알았냐는 표정으로 '맞다' 라고 이야기했다. 영업 관련 책을 읽는 게 귀찮거나 어렵다면 재미있으면서도 뭔가를 배울 수 있는 대안으로 쉽게 읽을 수 있는 만화책을 선택하면 된다. 영업에 대한 이야기를 다룬 만화책의 경우 대부분이 일본에서 만들어진 책이 많기는 한데 국내에서도 좋은 내용의 책들이 요즘 많이 나오는 편이다. 만화책은 애들이나 보는 거라는 생각은 어떻게 보면 맞는 이야기가 아니다. 사실 영업에 관심 있는 사람들은 영업에 관련된 만화책은 많이 읽는다. 스포츠 신문 등에 나오는 만화도 직장 생활에 대한 이야기를 다루는 내용이 많다는 걸 생각하면 한 번씩은 본 기억이 있을 것이다. 같이 일하는 컨설턴트들도 만화책들에서 많은 아이디어를 얻었고 실제로 컨설팅에 도입해 보면 결과가 상당히 좋게 나오는 경우가 많았다. 물론 만화책에 나오는 영업인들이 너무나 뛰어나고 항상 옆에서 어려울 때마다 주변에 도움을 주는 사람으로 인해 극적으로 문제를 해결해 나가는 내용들이 많아서 현실감이 전혀 없다는 의견도 많기는 하지만 중간 중간에 펼쳐지는 하나하나의 에피소드들은 그 뛰어나다는 경영서에 들어있는 내용보다 더 영업현장에서 잘 사용되는 경우도 많다는 걸 알아야 한다.

배우려고 한다면 어디에서건 배울 수가 있다. 단지 배우려는 생각 자체를 하지 않기 때문에 어렵게 느껴질 뿐이다. 지금이라도 배우려고 한다면 만화책 대여점에 가서 자신이 원하는 분야의 책을 빌려 읽어보라. 생각지도 못한 좋은 아이디어가 떠오를 수도 있다.

Episode 9

좋은 영업인이란 어떤 조건을 가진 사람일까?

- 영업을 한다고 하면 특히 판매직을 한다고 하면 그런 일 하면서도 참 얼굴이 좋다고 말하는 사람들이 있다. 정말 우둔한 말이다. 정말 좋아서 영업을 하는 사람들의 얼굴은 항상 맑고 밝은 얼굴이다. 사람들을 상대하니 성격이 안 좋아지지 않을까 하는 생각은 버려라. -

관상을 본다는 사람들에게 가서 자신이 어떤 일을 할 사람인가를 물어보라. 또한 사주를 보는 사람에게 가서 자신이 뭘 하는 사람인지 물어보라. 관상이나 사주는 인생에 있어서 절대적인 것이 아니다. 타고난 운명이 이렇게 저렇고 하는 말들은 참고 사항일 뿐이니 맹신해서는 안 된다는 것이다. 사람이 태어날 때부터 어떤 일을 할 사람인지 정해졌다면 사는 게 별로 재미없지 않겠는가. 하지만 정해진 팔자가 있다고 해도 살면서 그 팔자라는 걸 뛰어넘을 수 있다면 그게 더 재미있을 수도 있다.

영업을 하는 사람들에게는 여러 가지 갖춰야 할 것들이 있다. 밝은 표정에 말하는 능력도 좋아야 하고 제품에 대한 정보도 많아야 하며 사람을 만나는 걸 즐거워해야 한다. 가끔 강의를 하다가 보면 저 사람은 정말 영업을 할 사람이 아니라는 생각이 들게 하는 사람들이 있다. 하지만 그런 생각이 드는 순간 다시 생각을 바꾼다. '저 사람은 체질적으로 영업이 힘들어' 라는 생각에서 '저 사람이 어떻게 하면 정말 영업인으로 성공하게 할 수 있을까?' 라는 생각으로 바꾼다는 것이다.

그럼 영업을 잘하는 사람들이란 어떤 사람들일까? 여기에는 몇 가지 조건이 있다. 단, 지금 말하고자 하는 건 영업을 잘하는 사람들의 보편적인 이야기일 뿐이지 절대적으로 '이게 맞다' 라고 하는 건 아니라는 걸 알아두기 바란다. 모든 영업인들은 나름대로 자신만의 영업철학과 노하우가 있을 테니 그냥 한번 비교해보고 자신의 생각과 어떤 게 맞는지 또 어떤 건 생각과 다른지 그냥 한번 보라는 것이다. 영업을 잘하는 사람들의 특징을 알아보기 위해 먼저 영업사원의 유형을 보도록 하자.

첫 번째 유형은 소심형이다. 이들의 특징은 일단 상담 시 목소리가 작다. 여기서 목소리가 작다는 것은 단순하게 음의 높고 낮음을 이야기하는 게 아니다. 자신감이 있는 목소리와 아닌 목소리를 말하는 것이다. 마음이 약한 사람들은 상담을 할 때 이런 생각을 한다고 한다. "내가 추천하는 제품이 과연 저 고객에게 맞는 제품일까? 혹시 사가고 나서 문제가 발생해서 환불을 하면 어떻게 하지. 가격을 더 낮춰서 불러야 판매되지 않을까" 라는 수 만 가지 생각이 상담 도중에 머릿속에서 윙윙 맴돈다고 한다. 그러다 보니 당연히 자신이 판매하는 제품에 대해서 확신할 수 있겠는가? 결국 누구 봐도 별로인 영업인으로 남는 것이다.

그렇다면 소심한 사람은 영업하지 말라는 것인가? 그렇다 소심한 사람은 원칙적으로 말하자면 영업과 관련된 일은 하지 않는 게 좋다. 아니면 성격을 고쳐야 한다. 혼자 다른 일을 하거나 퇴근한 후에는 성격이 아무리 소심하다고 해도 상관없다. 고객과 상담할 때만 제품에 대해서 확신을 심어주는 모습을 보여주면 된다. 그게 안 된다면 소심한 성격을 오히려 장점으로 바꾸는 방법도 있다. 우리나라 사람들이 정에 약하니 소심한 성격을 이용해 동정심을 유발한 뒤 제품을 판매하는 것도 하나의 전략으로 가끔은 필요하겠지만 매번 그렇다면 좋은 결과를 기대하기는 어렵다. 그러므로 소심형의 판매 사원은 성격을 고치든지 영업과 관련된 일을 하지 말아야 한다.

두 번째 유형은 언변이 참 좋은 말발형이다. 일반적으로 사람들로부터 영업 잘한다는 소리를 듣는 사람들인데 고객들에 대해서 일명 말발로 분위기를 주도하는 영업사원 형태다. 이런 유형은 영업을 할 때 항상 자신감이 있으며 자신이 가지고 있는 분위기 살리는 능력을 최대한 발휘할 수 있다는 점에서 영업사원으로는 인정받을 수 있는 유형이다. 그런데 보통 언변이 좋은 영업인 같은 경우에는 다른 노력을 하지 않는다는 고질적인 문제를 가지고 있다. 그냥 지금 하는 식으로 해도 제품 판매에는 별 문제가 없기 때문에 자기 발전을 게을리 하는 문제점이 다분히 있다. 특히 제품에 대한 정보나 고객관리에 있어서 큰 신경을 쓰지 않는다. 좋게 말하면 '언변이 좋다' 라는 평가를 받지만 잘못하면 말만 잘하는 영업인으로 안 좋은 이미지를 줄 수도 있다. 하지만 기본적인 외향적인 성격으로 인한 판매 스타일은 좋으므로 소심한 성격의 판매 사원들보다는 좋게 평가할 수 있다.

세 번째 유형은 학자형이다. 이런 영업인들의 특징은 천천히 조근 조근 차분하게 상담을 한다는 것이다. 제품이 나오면 그걸 구성하고 있는 모든 부품에 대해서까지 다 파악하고 있을 정도로 자신이 판매하는 제품에 대해서는 박사라는 소리를 듣는 사람들이다. 또한 타사의 경쟁 제품에 대해서도 완벽하게 파악하고 있다. 얼핏 보기에는 상당히 좋은 영업인의 유형으로 보일지는 모르지만 실제로 이런 유형은 자기 세계에 혼자 빠져서 산다는 단점을 가지기 쉽다. 남의 말은 절대로 듣지 않는 스타일이다. 정말 설득하기 어려운 유형이라 혼자 장사하면 잘할지 몰라도 단체로 하는 영업에서는 다소 문제가 있는 스타일이다.

네 번째 유형은 돌쇠형이다. 이런 유형의 판매 사원들은 제품 판매하는 데는 큰 재능이 없다. 말이 좋은 것도 아니고 아는 게 많은 것도 아니다. 그런데 유일하게 다른 사람이 판매한 제품 뒤처리는 정말 잘하는 스타일이다. 각종 배송이나 물건 챙기는 데는 이만한 사람도 없다. 흔히 군대에서 말하는 보급병으로 보면 딱 맞는 스타일이다.

다섯 번째 유형은 독재자형이다. 이 스타일은 자기가 말하면 무조건 다 맞는 스타일이다. 고객 앞에서도 사든지 말든지 마음대로 하라고 말할 수 있을 정도로 두려울 게 없는 스타일이다. 또한 자기와 같이 일하는 동료들에 대해서도 잘못된 점은 잘 지적하지만 실제로 자기의 잘못은 절대 보지 못하는, 조직에서 빨리 나가주는 것이 오히려 도움이 되는 유형이라고 말한다.

지금 말한 다섯 가지 유형을 가지고 잘 생각해보면 주변에 그런 사람이 한둘은 꼭 있을 것이다. 단지 영업 쪽에 관련된 일이 아니더라도 자기 주변에 있는 사람들을 보면 꼭 이런 스타일이라고 말할 수 있는 사람들이 있을 것이다.

그렇다면 이런 다섯 가지 유형을 어떻게 잘 융합해서 영업을 할 것인가를 생각해보자. 일단 고객과 만나면 서로 주고받는 농담과 유머 속에 싹트는 판매 성공을 위해 첫 번째 고객 맞이에서는 언변형의 영업사원이 접근하기 좋다. 어느 정도 고객의 긴장이 풀리면 다음에는 제품에 대해서 차근차근 명확하게 설명할 수 있는 학자형 스타일의 영업사원이 좋다. 정확한 정보와 완벽한 활용법에 고객이 고개를 끄덕이고 구매를 결정하면 재고와 완벽 배송을 자랑하는 돌쇠형이 필요하다. 만족할만한 배송과 고객의 클레임 처리 등 완벽함을 자랑한다.

그렇다면 독재자형과 소심형은 어떻게 하는가? 매장을 떠나야 하는가? 아니다. 이들도 이들만의 자리가 있다. 독재자형 같은 경우에는 주로 관리자에서 많이 볼 수 있다. 별로 달갑지 않은 관리자지만 직원들을 혹독하게 트레이닝(저 사람처럼 살지 말아야지 하는?) 시키는 데는 그만한 사람도 없다. 그리고 소심형 같은 경우에는 그 나름대로 남들에게 자신을 비교해서 다른 사람들이 우월해 보이게 하는 역할을 할 수 있다는 것이다. 매장에 전부 다 똑똑한 사람들만 있으면 별로 재미없지 않는가. 그러니 소심형 같은 사람도 존재의 이유는 있다.

비록 다섯 가지 유형을 한 번씩 거론하기 위해서 나름 억지를 부려 구성한 느낌이 있다. 사실 가장 필요한 사람은 다섯 가지를 다 가지고 있는 사람이다. 약해보이기도 하지만 강해보이고 말도 잘하며 지식도 많고 뒤처리까지 완벽하게 하는 영업인이라면 어디를 가든 환영받을 것이다. 자신이 어떤 유형의 영업인인가를 잘 살펴보고 자신에게 어떤 게 부족한가를 파악하고 그 부족함을 채워갈수록 누구나 원하는 영업인으로 하나씩 변모해 나간다는 걸 잊지 말자.

Episode 10

영업 그리고 술과 담배

- 누구나 한번쯤의 일탈을 꿈꿔본다. 삭막한 일상에서 벗어날 수 있는 꿈은 누구나 가지고 있다. 하지만 꿈꾼다고 해서 이루어지지 않으니 대신할 수 있는 무엇인가를 갈구하게 된다. -

"당신은 스트레스가 쌓이면 어떻게 해결 하십니까?" 라는 질문에 대부분 남자들의 경우에는 담배 한 모금이나 소주 한잔이면 그래도 살만하다는 의견이, 여자들의 경우에는 쇼핑을 하거나 친구를 만나 수다를 떨면 그래도 스트레스가 조금은 풀린다고 한다. 스트레스는 어떤 형태든 좋지 않으니 해결하기는 해야 하는데 그걸 해결하기 위해서 다시 몸이 좋지 않은 담배와 술을 마시는 남자들의 스트레스 해소법에는 다소 문제가 있다. 특히 영업인의 경우에는 담배와 술은 영업의 기본이라고 생각하며 살아가는 사람이 많다. 고객을 접대하기 위해서는 술은 기본이고 공감대 형성을 위해서는 담배가 필수이기 때문이다.

생각해보라. 3시간이나 진행되는 지루한 회의시간에 중간 중간 밖으로 나와서 같이 담배연기를 내뿜으며 이야기를 나누는 모습을. 서로 '한대 피우실래요' 하고 건네는 담배 한 개비는 아마 전쟁터에서 총알이 빗발칠 때 같이 했던 전우에게 총알을 건네는 것과 같은 친근감을 줄 수밖에 없다. 그래서 영업인의 필수라고 하는 것이다. 강의를 가 봐도 쉬는 시간이면 거의 90% 이상의 교육생들은 약속이라도 한 듯 담배를 피우기 위해서 자리를 비운다. 나머지 10%도 안 되는 교육생들은 담배를 피우지 않는다는 이유만으로 강의실에 남아 잠시 잠을 청하거나 멀뚱거리며 창밖만 바라보고 있다. 중요한 건 그 담배를 피우러 간 사람들 사이에서 교육에서 얻을 수 있는 그 이상의 정보들이 가끔 오간다는 것이다. 온갖 편법을 이용한 판매증진에 대한 토의는 교육시간보다는 담배 피우는 시간에 더 자유롭게 이야기가 된다. 신기한 건 처음 보는 사람들끼리도 담배 한두 번 같이 피우면 전혀 어색하지 않는 관계로 발전한다는 점에서 담배의 위력은 정말 대단하다고 할 수 있다.

술은 어떤가? 처음 영업 쪽에서 일할 때 술을 못하면 마치 영업을 못하는 것처럼 교육을 받았다. 접대자리가 많으니 먼저 술에 취하면 안 되고 술잔을 남겨서도 안 되며 아무리 마셔도 정신줄을 놓으면 그날로 우수한 영업인의 자리에 영원히 오를 수 없는 것처럼 이야기한다. 영업을 하면 술자리가 많을 수밖에 없다. 접대뿐 아니라 스트레스 받으면 한잔 마시자라는 말이 먼저 나오고 1차에서 2차 3차 밤을 새면서 부어라 마셔라 한다. 오죽하면 낮에 사무실에서 일처리 잘하는 직원보다 술자리에서 분위기 잘 살리는 직원이 승진을 빨리 하고 직장인 사이에서 농담으로 술자리에서

삼겹살 안 태우고 맛있게 잘 구워서 초고속승진 했다는 말이 있을 정도로 술이라는 존재도 영업에서는 빠질 수가 없다.

그런데 담배나 술이나 분명 개인적인 건강에는 도움이 되지 않는 존재들이다. 특히 고객과 대면을 많이 하는 영업인의 경우 담배는 일단 '적' 이라고 말할 수 있다. 고객이 같이 담배를 태우는 고객이라면 문제가 없지만 담배를 태우지 않는 고객이라면 영업인의 몸에서 나는 담배연기나 입에서 나오는 냄새는 정말 이야기를 듣고 싶지 않을 정도로 혐오스럽게 느껴지기 때문이다. 그래서 온갖 방향제와 구취제거제를 이용해서 청결에 신경을 쓰지만 그래도 몸에 밴 냄새를 다 없앤다는 것은 불가능해 보인다. 그러므로 담배는 필요하지만 담배에 자신이 통제 당하는 게 아니라 필요할 때 잠깐 태울 수 있는 존재로 조절하는 게 중요하다. 술의 경우에는 그렇게 반대하는 편은 아니지만 술자리에서 벌어지는 온갖 아첨이나 협상은 절대적으로 반대하는 입장이다.

예전에 한 영업인이 마치 자랑인 듯 이야기하는 내용이 있었는데, 자신의 영업 노하우는 거래처 사장들과 밤새도록 술을 마시면서 새벽녘에 사리분별을 못할 정도가 되면 그때 계약서를 꺼내고 형님 아우 하는 분위기를 이용해서 도장을 찍는다고 말했다. 물론 격의 없이 편안한 관계가 된다는 것에는 이의를 제기하고 싶은 마음이 없으나 자신이 하는 계약에 얼마나 자신이 없으면 술기운을 이용해서 그런 행동을 하는지 이해할 수 없다. 그런 행위는 잠들어 있는 사람 손가락 들어서 지장 찍는 것과 뭐가 다르단 말인가? 그렇기 때문에 술기운을 이용한 영업의 경우 나중에 할 제안에 대해서 운을 띄우는 정도로만 하고 구체적인 이야기는 정신이 맑은 상태에서 하는 게 바람직해 보인다.

참 멋진 일은 요즘의 기업 회식에서 술자리 문화가 대세이긴 하지만 그래도 공연 관람이나 스포츠 활동으로 변해가고 있다는 것이다. 그나마 이런 기업에서 근무하는 사원들의 경우에는 술자리에 대한 공포는 없어서 회사 다닐 맛이 나지 않을까?

그런데 이런 술과 담배를 좋아하지 않는 영업인들은 어떤 취미생활을 할까? 가장 부러운 영업인의 경우 일 끝나면 바로 집으로 가서 쉬는 유형이다. 이런 사람들이 부러운 이유는 정말 돈 쓸 일이 없다는 것이다. 저녁 9시 넘어 끝나는 상황이라 만날 사람도 없고 주로 일요일이 대목이라 근무하다보니 친구들과 모임을 가지는 것도 힘들다. 그래서 그냥 집에 가서 쉬니 돈이 모일 수밖에 없다.

어떤 한 영업인의 경우 3년 열심히 판매영업을 했더니 스물다섯 살이라는 젊은 나이에 이미 통장에 1억이라는 돈이 모였다고 한다. 이 영업인의 경우 현재 나이 스물여덟인데 서울에 아파트 한 채를 가지고 있다. 그리고 모아둔 돈을 별로 쓸 일이 없어서 남자 영업인의 경우에는 유일한 낙이 돈 모아서 자가용 바꾸는 일이다. 정말 놀라운 건 아는 남자 영업인 중 80% 이상은 중형차 이상의 차량을 보유하고 어떤 영업인들은 외제차량을 몰고 다니기도 한다. 다시 말하지만 정말 부러울 따름이다.

그런데 반대로 젊음을 활활 불태우는 스타일도 있다. 술은 기본이고 정말 대단하다고 느끼는 건 그렇게 늦게 끝나고 피곤 할 텐데 겨울에는 그 밤중에 야간스키 타러 다니고 여름에는 낚시하러 다니고 봄가을에는 꽃놀이하러 다니는 무리가 있다. 이런 유형들은 주로 그룹을 지어서 움직이는 특징을 가지고 있으며 결혼을 안 한 사람들로 주로 구성된다. 말 그대로 '즐길 수 있을 때 최대한 즐긴다' 는 생각을 가지고 사는 사람들이다. 돈을 그렇게 쓸 수 있다는 것도 대단하다고 생각하지만 정말 그 체력에 감탄하지 않을 수 없다. 사실 이런 사람들의 경우 다음날 오전 근무는 거의 못한다고 봐도 무방하다. 하지만 즐길 수 있을 때 즐긴다는 생각으로 한때는 나름 행복한 삶을 보내지만 점점 나이는 먹어가지 모아둔 돈은 없지 결국 시간이 지나면 푸념만 늘어가는 모습들을 많이 봤다.

영업을 하면서 받는 스트레스를 풀기 위해 법이 허락하는 범위 내에서 어떤 방법을 사용해도 무방하다. 근무하는 시간이 하루 24시간 중에 보통 12시간 이상인 영업인들에게 모범적으로 살라고 강요하는 건 별로 좋아 보이지 않는다. 즐기기는 하되 나중에 후회하지 않는 삶을 생각하며 즐겼으면 하는 바람이다.

Episode 11

잊어서는 안 될 걸 잊고 사는 사람들

- 반대의 개념이 있다. 강하면 약한 것이 있고, 뜨거운 게 있으면 차가운 것이 있으며, 높은 것이 있으면 낮은 것이 있다. 하지만 영업은 이런 상극이 있어서는 안 된다. 특히 대리점과 영업담당이라는 이름을 가진 사람들이 상극이면 좋은 않은 결과를 가져온다. -

회사의 주인은 누구인가? 주주로 구성된 회사라면 가장 많은 주식을 가진 사람이 주로 대표이사라는 명칭을 가지고 회사의 주인처럼 행동한다. 그 밑으로 부사장부터 평사원까지 직급으로 구성되는 게 회사다. 상하관계가 너무나 뚜렷한 것이 마치 군대를 보는 것과 같은 곳이 회사다. 이런 현상은 대기업일수록 더 심하다. 대기업의 임원이라는 자리는 군대에서 별을 다는 것과 같은 것으로 취급되고 다들 임원으로 불리기 위해서 오늘도 낮밤가리지 않고 일한다. 이런 직급체계는 업무의 효율성과 성과에 대한 보답 등 다양한 원인에 의해서 존재할 수밖에 없다고 한다.

그렇다면 이런 직급체계에서 사장이 높은 것일까 평사원이 높은 것일까? 이런 걸 질문이라고 하냐고 아마 어이없다는 표정을 짓는 사람들이 많을 것이다. 당연히 "사장이 높겠지."라고 한다.

그럼 몇 가지를 더 물어보자. 국회의원과 국민은 누가 더 높은가? 교수와 수강생은 누가 더 높은 자리이며, 의사와 환자는 누가 더 높은 자리인가? 이런 질문에 대해서 서서히 의견이 분리된다. 국회의원의 경우 국민이 선출하니 국민이 위라고 하는 사람들이 생겨날 것이고, 수강생이 없으면 교수도 필요 없으니 수강생이 더 높을 수도 있으며, 의사와 환자는 말할 필요도 없을 것이다.

하지만 실제로 그렇게 생각하는가? 대부분 그렇게 생각하지 않을 것이다. 국회의원을 보고 내가 뽑은 사람이니 내가 저 사람보다 더 높다고 생각하는 사람이 몇 명이나 되겠는가? 여기서 문제가 시작된다. 다들 말로는 자신을 있게 해준 사람들을 위해 노력하고 봉사한다고 말하지만 실제로 자리가 사람을 안 좋게 변화시키기 때문이다. 교수평가제에 대한 논란이 한동안 많았다. 스승을 제자가 평가한다는 자체가 정서상으로 맞지 않고, 학문에 대한 열의보다는 수강생들에 대한 신경을 써야 한다는 점에서 좋지 않은 영향을 불러일으킬 거라는 것이다. 하지만 반대로 생각하면 한 학기에 몇 백만 원이라는 큰돈을 내고 배움을 청하는 수강생들의 입장에서는 좀 더 양질의 교육을 요구할 권리가 있기도 하다. 경제논리로 본다면 교수평가제는 논할 필요도 없이 실시해야 하는 것이다. 단 세부적인 평가항목을 적용하지 않고 종합평가라는 측면에서 데이터를 관리한다면 교수들 입장에서도 오히려 도움이 될 것이다.

그렇다면 영업에 있어서 영업 관리와 영업사원의 관계는 어떤 관계인가? 한 매장 이야기를 해보자. 한 대기업의 제품 판매 대리점인 매장은 직원이 점주를 포함해서 6명이다. 대기업이나 체인점을 운영하는 분들은 알겠지만, 대기업에는 본사나 지사가 존재하고 대리점의 경우 여기에 영향을 받는다. 그리고 각 점마다 그 점의 운영에 도움이 되라고 영업담당을 만들어 놓는다.

그런데 영업담당이라는 존재가 가끔은 이상할 때가 있다. 이 매장의 경우에도 컨설팅을 위해 방문했을 때 컨설팅 하는 업무를 도와준다고 영업담당이 매장에 나와 있었다. 매장 오픈 시간 전 이라 제품 판매를 위해 진열 점검도 하고 청소를 하는 등 매장이 분주하게 돌아가고 있었다. 매장의 점주 또한 나이가 60이 넘었지만 각종 물건들을 옮기는 일을 하고 있었다. 그런데 매장에 나와 있는 영업담당이라는 사람은 뭐가 그리 바쁜지 모르겠지만 혼자 앉아서 인터넷 검색을 하고 있는 것이다. 이런 모습이야 워낙 많이 봐서 낯설지는 않았지만 마음이 좋지는 않았다. 오히려 컨설팅을 위해 매장을 방문했지만 매장이 분주하게 움직이니 같이 물건 닦고 옮기고 하는 건 컨설턴트 몫이었다. 매장 직원들이 만류하고 영업담당도 하지 말라고 했지만 그 상황에서 가만히 있는 게 더 이상한 이상 안할 수가 없는 일이다.

대강 정리가 끝나자 영업담당으로부터 잔소리가 이어진다. 매출과 목표 달성에 대해서 직원들에게 이야기하는데 마치 잘못한 학생들을 나무라는 선생님 같은 표정으로 질책하기 바빴다. 그걸 듣고 있는 직원들의 표정도 하루 이틀도 아닌데 뭐 별 신경 안 쓴다는 표정으로밖에 보이지 않았다.

이게 현재 잘못하고 있는 영업담당들의 모습이다. 특히 규모가 큰 대기업의 대리점이나 체인점의 경우 더 심하다고 할 수 있다. 영업담당에게 잘 보여야 지원금이나 홍보비를 조금이라도 더 잘 받을 수 있으니 그렇게 행동하는 게 이해되기도 한다. 하지만 대리점과 영업담당 누가 더 높은 위치인가? 당연히 대리점이다. 돈을 벌기 위해서 대기업이 하는 대리점을 하겠다고 계약을 하고 어쩔 수 없이 본사나 지사에서 지시하는 내용을 따를 수밖에 없는 위치지만 해당 매장을 관리하고 있는 영업담당의 경우에는 조금 행동을 달리 해야 한다. 자신이 그 매장을 움직이는 사람이라는 착각을 벗어던지고 자신의 급여를 챙겨주는 고마운 대리점이라는 생각을 해야 한다는 것이다. 대리점이 없으면 영업담당이 무슨 필요가 있겠는가?

이렇게 말하면 대리점의 관리차원에서 어쩔 수 없는 일이라고 항변할 것이다. 이해도 되기는 하지만 관리한다는 입장에서 대리점을 이해하려고 하지 말고 같이 호흡한다는 생각에서 대리점과 관계를 유지해왔다면 관리차원에서 지시나 강요는 굳이 필요 없을 것으로 보인다. 특히 대형 거래처의 경우 고개를 숙이고 아주 친절한 척 행동하고 소규모 거래처의 경우 그 반대로 행동하는 영업담당자들이 있다면 그 생각을 반대로 해야 할 것이다. 대규모 거래처에 잘 보여서 자신의 자리를 지키려고 연연하지 말고 소규모 대리점을 어떻게 하면 더 잘되게 할 수 있을까를 고민하는 게 먼저라는 말이다. 물론 모든 영업담당이 그렇다는 건 아니다. 하지만 자신의 위치가 어디인지 정확하게 파악하는 영업담당이 많지 않다는 게 답답할 뿐이다.

한 매장의 영업사원이 했던 말이 아직도 기억에 남는다. 자신의 매장을 찾아온 본사의 높으신 분들 많이 들리는데 대부분 잘하고 있는지 관리 감독하러 나오는 거란다. 그런데 유독 한 관리자만 좀 다르다는 것이다. 어떻게 다르냐고 묻자, 그 영업담당의 경우에는 매장에 오면 항상 고생하신다며 더 많이 도와드려야 하는데 그렇지 못해 죄송하다고 먼저 말하고 스스럼없이 다른 이야기를 한다는 것이다. 어떻게 보면 당연한 것이다. 대리점 직원에 대해서 고마워해야하는 게 당연하다는 것이다. 그런데 그런 인사를 하는 사람이 유일하고 그렇게라도 말해주니 그 영업담당이 요청하는 일에 대해서는 1순위로 처리해준다는 게 그 직원의 이야기다.

이게 우리나라 영업시장의 현주소가 아닐까 한다. 이런 좋지 않은 영업현장의 현주소에는 대리점도 일조를 하고 있다. 대리점의 경우에도 자신들의 위치를 제대로 파악하지 못하고 있다는 것이다. 그저 조금이라도 자신이 운영하고 있는 매장을 잘 봐주면 고맙다는 생각이 아니라 자신이 하는 매장에 도움이 되는 영업담당을 요청하기도 하고 이런 문제를 대리점 네트워크를 통해 합당한 요구에 대해서는 단합하는 모습을 보이기도 하면서 자신들이 속해 있는 회사에 필요한 내용을 요청해야 하는 입장이지만 현실은 그냥 우리 매장만 괜찮으면 되지 괜히 말 잘못했다가 찍혀서 대리점 계약에 손해라도 보면 안 된다고 생각하기 때문에 주종관계처럼 보이는 현 상황을 잘라내지 못하는 것이다.

이런 문제의 경우 이웃나라가 정말 대단하다고 생각한다. 기업이 잘못되거나 망하면 회사의 가장 높은 사람이 모든 임직원이 보는 상황에서 고개를 숙이고 사죄를 하며 정말 미안한 감정에서 나오는 눈물을 닦는 모습도 대단하고, 영업담당이 조그만 소규모 영업대리점에 대해서도 자신이 할 수 있는 게 뭐가 있을까를 고민하는 모습들이 부럽다. 이런 책임지는 영업인의 모습이 사람들의 머릿속에는 오랫동안 남을 것이고, 각자의 위치에서 자신이 해야 하는 일을 제대로 하는 모습을 보일 때 시장은 지금보다 더 많은 수익으로 보답할 것이라 생각한다.

Part 2. 열정의 강렬함

– 몸 안에 흐르는 뜨거운 피가
더 뜨거워지는 걸 경험해봤는가?
지금 하고 있는 일에 대해 더 뜨거운 피의 느낌을
가지고 있을 만큼의 열정이 있는가?
열정의 강렬함을 느끼는 삶은 이미 성공한 삶이다. –

– 사람의 마음에는 천사와 악마가 공존한다.
일상적으로 천사는 좋고 악마는 나쁜 이미지지만
열정을 가진 악마는
공허함을 가진 천사보다 아름답다. –

Episode 12

멈추는 순간 뒤쳐지는 건 다 아는 이야기다

- 같은 일을 하는 한 동료가 이런 말을 했다. "왜 사람들은 다들 남들보다 더 뛰어나고 싶다고 생각하는지 모르겠습니다. 그냥 남들만큼만 하면 될 거 같은데 왜 꼭 남들보다 앞서가야 하는건지 정말 모르겠습니다." 좋은 말이다. 남들만큼만 하기도 힘든 세상인데 앞서기 까지 하려면 정말 많은 노력이 필요하다. 하지만 이런 말은 영업시장에서는 안 통하는 이야기다. -

영업 분야나 다른 분야나 할 것 없이 멈추는 순간이 바로 뒤처진다는 이야기를 많이 들어봤을 것이다. 세계를 이야기하지 않고 국내만 보더라도 영업 관련된 업무를 하는 사람들이 얼마나 많은가. 이런 치열한 경쟁 속에서 잠시라도 새로운 제품이나 고객만족에 대한 생각을 멈추면 그 순간부터 다른 사람에게 뒤처지는 것이다. 그렇기 때문에 언제나 긴장을 풀지 못해서 사람이 기계처럼 일하는 거 같다는 이야기를 하는 사람들도 있지만 조금만 다르게 생각하면 고객에게 다른 사람과 다른 무엇인가 해줄 수 있다는 성취감이나 만족감은 끊임없이 노력하는 사람만의 특권이기도 하다. 그렇기 때문에 고객에 대한 서비스마인드는 멈추는 일이 있어서는 안 된다.

국내에서 서비스마인드가 좋은 곳으로 평가 받고 있는 곳 중에 하나가 놀이공원이다. 특히 A놀이공원의 경우 자체적으로 자신들의 계열사 뿐 아니라 외부인들에 대한 CS 교육을 진행하는 시설까지 갖추고 있을 정도로 자신들의 서비스에 대한 높은 자부심을 가지고 있다. 그리고 A놀이공원의 서비스교육과정은 입과 한 대부분의 사람들이 좋은 교육이라고 동의하고 있다. 한번은 그 유명한 A놀이공원 CS 교육센터에 입과를 해서 4박 5일 동안 강의를 들은 적이 있었다. 사실 자발적으로 입과 한 게 아니라 거의 반 강제적으로 입과 해야 하는 상황이여서 입과 전부터 좀 짜증도 났다. 또한 평소에 A놀이공원이 일반적으로 받고 있는 서비스마인드가 좋다는 이야기를 그리 좋게 생각하지 않았기에 교육에 대한 반감은 조금 더 했던 거 같다. 그런데 왜 대부분의 사람들이 만족하는 A놀이동산의 서비스마인드에 대해서 부정적인 시각을 가지고 있는지 먼저 이야기 해보겠다.

평소에 잘 알고 지내던 판매 영업사원이 이런 이야기 한 적이 있다. "A놀이공원에 갔는데 직원들이 소문대로 친절하고 고객들에게 잘하기는 하더군. 그런데 말이지 내가 거기서 일하면 당연히 그래야 한다고 생각 할 거야. 왜냐면 우리랑 다르잖아."라는 말이었다. 뭐가 다르단 말인가? 고객을 상대로 영업하는 건 같은데 이 영업사원은 뭐가 다르다고 말하고 친절하다고 느끼는 감정이 당연하다 생각하고 있는가? 그 영업사원의 대답은 간단명료하다. 어떤 목적을 가지고 상대방에게 설명하고 판매하는 입장과는 다르게 놀이공원의 경우에는 어쨌든 입구에서 비용을 지불하고 들어온 손님들에게 친절하게 인사하고 즐겁게 놀다 갈 수 있도록 도와주는 건 당연하다는 것이다. 또한 식당이나 가판대에서 물품을 살 때도 보통 다른 곳보다 1.5배에서 2배 이상 높은 가격으로 판매하는데 당연히 친절해야 한다는 것이다. 그나마 놀이공원 내에서 물품을 파는 직원들의 경우에는 반은 친절하고 반은 별로 친절하지 않다는 게 이 영업사원이 이야기다. 한 시간 이상을 차를 몰아 놀러가서도 놀지는 않고 그곳 직원들이 어떻게 하고 있는가를 정탐이라도 하고 온 첩자처럼 한 시간 가까이 A놀이공원에서 자신이 느꼈던 이야기를 쏟아 놓았다. 어떻게 보면 즐겁게 놀러가서 놀지는 않고 삐딱한 시선으로 직원들만 살피고온 이 영업사원이 웃기는 친구일 수도 있다.

하지만 사실 이 영원 사원과 비슷한 생각을 하고 있는 사람들이 예상외로 많다는 것이다. 이 영업사원의 의견과 비슷한 생각을 가지고 있는 사람이 A놀이공원 교육센터에서 CS 교육을 받으러 들어가야 하니 기분이 별로일 수밖에 없지 않겠는가. 그래도 반 강제적으로 들어가기는 해야 하니 그냥 들어가서 조용히 지내고 와야겠다는 각오만 수십 번 하고 입과를 했다. 그런데 그 수십 번 했던 각오가 교육 시작하자마자 깨어졌다. 정말 독특하게 삐딱한 성격을 가지고 있어서 그런지는 몰라도 교육 진행자가 개인적으로 그리 마음에 들지 않았기 때문이다. 여러분이 생각하고 있는 교육진행자의 모습을 떠올려 보자. 일단은 교육진행자라고 하면 정장을 입고 깔끔한 외모와 절도 있는 말투로 사람들에게 코칭 하듯이 말하는 사람이라는 이미지가 강할 것이다. 이런 고정관념에 화답이라도 하듯 교육진행자가 너무나 완벽한 교육진행자처럼 보였기 때문에 조용히 지내기 싫어졌다.

교육진행자들은 왜 항상 같은 모습일까? 그건 간단하다. 그렇게 보이지 않으면 교육생 전체를 통제할 수 없기 때문이다. 하지만 그런 모습이 다 맞는 건 아니니다. 그런 모습으로 교육을 지배하려 들면 크게 사람들의 마음을 사지 못한다. 꼭 CS 교육을 받으러 와서 까지 딱딱한 분위기에서 주입식 교육을 받게 될 것 같다는 생각이 교육진행자 복장이나 말투에서 이미 느껴진다. 사실 큰 기대도 하지 않았지만 그래도 국내에서 알아주는 곳인데 뭔가 있겠지 하고 한편으로는 조그만 기대를 했는데 그 기대가 깨지면서 괜히 트집을 잡기 시작했다. 가만히 있으면 중간은 간다라는 말이 참 무색해지는 상황을 만들었다. 보통 사람 같으면 자신이 처한 상황이 마음에 들든 들지 않던 그냥 그렇게 시간만 보내다 나오면 된다고 생각할 것이다. 아무리 생각해도 그렇게 사는 게 세상 편하게 사는 방법인 같은데 생각보다 말이 먼저 나가니 성격을 고치기는 참 힘든 일이다. 교육 과정 소개부터 계속해서 엉뚱한 답변 등으로 교육 분위기를 흐려가는 상황에서 주변에 같이 교육을 받으러 입과 한 분들의 눈빛이 두려워서 어느 정도 선에서 멈추고 그냥 싫든 좋든 열심히 교육만 받고 나와야겠다고 생각했다.

그 과정에 같이 입과한 동료들이 6명(영업사원들을 교육시키는 교육강사) 있었는데 쉬는 시간마다 같이 입과 한 동료들과 교육에 대해서 서로 의견을 주고받는데 의견은 반반이었다. 3명은 "그냥 들어줄만한 교육인거 같다. 평상시에 생각하지 못했던 부분도 있어 괜찮았다."라는 의견이 있었고, 나머지 3명은 "역시 그냥 자다가 가면 될 정도의 교육인거 같다."라는 의견을 보였다.

어쨌든 시간은 흘러 5일간의 교육을 무사히 잘 받고 현업으로 복귀했다. 그런데 며칠 뒤 당시 그래도 받을 만하다는 수준을 넘어 "정말 좋다."라고 말했던 한 동료에게서 전화가 왔다. 이 친구가 그때 교육 받을 때 들었던 CS 에피소드를 다른 분들 교육하는 자리에서 이야기를 했나보다. 그랬더니 한 사람이 손을 들더니 몇 년 전에 이미 들었던 이야기라고 하면서 A놀이공원에서 들은 이야기 아니냐고 말했다는 것이다. 그 교육생의 말로 인해 교육 분위기가 많이 흐트러져서 속상했던 모양이었다. 그리고 교육을 받고 의무적으로 쓰는 보고서에 교육 내용이 너무 오랫동안 변경되지 않은 것 같다는 의견을 제시했고 그 의견은 해당 교육기관에 전달되었다. 그리고 돌아온 답변은 "개선 노력을 하겠으나 전체적인 수준에서는 좋은 교육이라서 일반인들에게는 적합하므로 큰 문제는 아닌 거 같다."라는 답변을 보내 왔다. 답변 내용을 보고는 최고의 자리에 있는 사람들이 가지는 무한한 자부심에는 박수를 보냈다. 하지만 변화하지 않으면 사라지는 치열한 영업현장에서 같은 내용을 1년 넘게 사용한다는 건 정말 있을 수가 없는 일이라는 건 알아야 할 것이다. 심지어 그 당시 교육 때 A놀이공원의 실제 우수사례라면서 말했던 내용은 이미 일본 디즈니랜드에서 몇 년 전에 비슷한 사례가 있었고 그 내용이 마케팅 책으로 나와 있다. 해당 내용을 알고 있는 사람들의 경우 A놀이공원이 일본 디즈니랜드 사례의 내용을 약간 변형해서 A놀이공원에만 있었던 사례처럼 인위적으로 만들었거나 일본 디즈니랜드 사례를 교육받은 놀이공원 직원이 기존 사례를 바탕으로 따라한 내용을 자신들에게만 있었던 내용으로 강조하는 인위적인 행동이라는 오해를 사기에 충분했다.

교육도 하나의 영업이다. 교육을 받기 위해 온 교육생들을 위해 항상 변화하는 모습은 교육을 진행하는 사람들로서는 가장 먼저 신경을 써야 하는 부분이다. 사람들의 생각에 가볍게 즐기는 곳이라고 생각하는 나이트클럽의 경우에도 항상 고객들을 만족시키기 위한 새로운 이벤트가 항상 준비된다. 항상 새로운 이벤트에 고객들이 즐거워하고 이런 즐거움은 곧 매출로 이어지는 것을 알기 때문에 필사적으로 새로운 아이디어를 창출한다.

이런 사례는 공교육과 사교육의 차이에서도 그대로 증명이 된다. 공교육의 활성화를 위해 과거 교육에 대한 이미지를 바꾸기 위해 얼마나 노력을 하는가. 하지만 사교육이 그 노력의 몇 배를 더하는 순간 우리나라 시장에서 사교육에 대한 지지도는 변하지 않을 것으로 보인다. 이런 간단한 예만 봐도 왜 변화가 중요한지는 쉽게 알 수 있다.

단, A놀이공원 교육기관에서 교육을 수료한 사람들은 교육평가서에 대부분 교육에 만족한다는 결과를 쓴다는 걸 말해주고 싶다. 가끔은 삐뚤게 세상을 보는 것도 필요할 것 같아 쓴 다분히 하나의 교육생의 입장이지 전체의 입장이 아니라는 걸 말하고 싶다. 이 책을 보는 독자 분들은 A놀이공원 교육에 대한 부정적 시각을 가지지 않기를 바란다.

Episode 13

무엇이 사람 마음을 움직이는가?

- 장사란 물건을 팔면 끝나는 걸까? 우둔한 장사치들은 일단 팔고 보자는 생각으로 장사를 한다. 하지만 진정한 장사꾼은 물건을 팔 때보다 팔고 난 다음을 더 중요하게 생각한다. 같은 고객에게 한번은 어떻게든 팔 수 있지만, 다시 자신을 찾기 만드는 건 그만큼 어렵다. -

영업하는 사람에게 있어서 고객의 마음을 얻는 것이 소중한 것이다. 얼마나 많은 고객들의 마음을 얻을 수 있는가는 얼마나 많은 제품을 파는 것보다 중요하다. 그래서 예전부터 영업인들은 고객의 마음을 얻기 위해 끊임없이 노력해왔다. 하지만 한번 겪었던 일에 대해서는 더 이상 특별한 것이 아니라 오히려 당연히 해야 하는 일반적인 것으로 분류하는 게 현대를 사는 사람들이기에 마음을 사기는 그만큼 어려워지고 있다. 이런 어려운 환경에도 불구하고 고객의 마음을 얻으려는 노력은 계속되고 있다. '내가 물건을 사면 영업사원은 나에게 뭘 해줄까?' 를 생각해보자. 대부분 제품을 구입할 때 사은품 정도 챙겨주고 구입한 다음 잘 사용하고 있는가를 확인 전화 한번 정도를 해주는 걸 생각할 것이다. 제품이 고장이 나면 A/S는 서비스센터에 연락해서 받으면 되니 판매한 직원이 해줄 수 있는 건 별로 없다. 사실 일반적으로 직원들의 경우 잘 사용하고 있는지 확인 전화도 잘 하지 않는다. 잘 사용하는지 확인 전화를 하는 판매 사원은 조금 장사를 하는 직원이라 말해도 좋다. 지금 소개하려는 백화점에서 근무하고 있는 판매상담사의 사례는 고객관리에 있어서 기본이라는 단어의 품격을 한 단계 높이는 수준의 영업을 보여주고 있다.

A백화점에 2년째 근무하고 있는 판매사원이 있다. A백화점에서는 2년이지만 전체 경력을 보면 5년 정도 판매영업을 하는 있는 사원이다. 이 판매사원은 같은 제품을 판매하는 사람들에게는 제품 판매의 달인으로 인정받는 사람이다. 불황이라는 단어도 이 판매사원만 피해가는 게 아닌가 싶은 느낌이 들 정도로 항상 매출 목표 달성을 하는 사원이다. 한번은 이 판매 사원에게 장사하면서 가장 좋을 때가 언제인가 물었다. 보통 이런 질문에 대부분의 판매 상담사들의 대답은 "물건 많이 팔아서 인센티브 많이 받을 때가 제일 좋다." 고 농담이라도 그렇게 말한다. 하지만 이 직원의 대답은 조금은 의외였다. 판매사원이 말하길 "고객님들이 마시면서 일하라고 음료수 주고 갈 때가 제일 좋죠." 라고 웃으며 이야기했다.

영업하는 사람들이 발전하는 가장 빠른 방법 가운데 하나가 '왜 그럴까' 라는 질문을 항상 던지는 것이다. '왜 장사가 잘될까?' '왜 제품설명을 듣고 구입을 안 할까' '왜 다시 매장에 안 올까' 등 'Why' 라는 질문은 영업하는 사람들에겐 절대적이다. 당연히 의외의 대답을 들었으니 ' 왜 그런 대답을 했을까' 가 너무 궁금했고, 궁금한 건 절대 못 참는 성격이라 다음날 당장 이 직원이 일하고 있는 곳으로 가서 '왜 그런지' 를 살펴봤다. 하루 종일 매장에서 판매사원이 근무하는 걸 지켜보니 이 판매사원이 하는 일은 간단했다. 고객들이 제품에 대해서 물으면 해당 제품의 장점에 대해서 이야기해주고, 다른 제품과의 차이점에 대해 이야기한다. 그리고 잘 가라고 인사한다. 누가 보더라도 그냥 누구나 하는 영업형태였다. 그래도 매출도 좋고, '고객들이 주는 음료수를 받을 때가 제일 좋다' 라고 대답할 정도면 틀림없이 이 판매 사원에게 뭔가 있겠지 하는 생각에 더 자세히 판매사원을 지켜봤다. 그랬더니 이 판매사원의 대답이 나온 근거는 판매할 때 있었던 것이 아니라 상담을 했거나 제품을 구매한 고객들에 대한 관리에서 나올 수 있었다는 걸 알게 되었다. 이 판매사원의 경우 고객이 제품을 구매하든 안하든 자신이 상담한 내용을 개인 수첩에 자세히 기록하는 것이다. 고객이 어떤 제품에 대해 관심을 보였는지 어떤 점을 망설였는지를 기록하고 구매한 고객은 왜 구매를 결정한 것 같은지 구매 후 제품에 만족할 확률은 어느 정도인지 등에 대해서 정말 상세하게 기록했다. 그리고 이 기록들이 이 판매사원의 최고의 무기가 되었다. 매장을 지켜보고 있던 가운데 판매 사원에게 음료수를 건네는 고객이 있었고 판매 사원에게 어떻게 알고 있는 고객인지 물어봤다. 지금 음료수를 주신 고객은 6개월 전쯤 매장에서 조그만 제품을 하나 구매한 고객이었다고 한다. 제품을 구매하는 사람들의 심리 가운데 하나가 싼 제품이든 비싼 제품이든 구매하고 난 다음에 이상하게 자신이 구입한 제품이 아직도 판매되고 있는지 가격은 자신이 구입한 가격과 같은지를 확인하고 싶어 한다는 것이다. 숍 형태로 이루어진 매장의 경우에는 매장 문을 열고 들어가야 하는 번거로움이 있어서 다시 제품을 확인하려고 매장을 방문하는 고객이 많지는 않지만 백화점 같이 그냥 지나가면서 슬쩍 한번 매장을 보기 좋은 곳에는 이런 고객들이 상대적으로 많은데 이 고객도 그런 고객이었다. 고객의 입장에서는 그냥 지나가면서 제품을 한번 스쳐보려고 했는데 자신의 이름을 부르는 소리가 들렸다.

"아 OOO 고객님 안녕하세요. 지난번에 구매하신 제품은 사용하시는데 불편함은 없으신가요?"

일단 고객은 자신의 이름이 불린다는 것에 놀랐다. 물론 아주 비싼 제품을 구매하거나 자주 구매하는 고객이라면 고객관리 차원에서 이름정도 외우는 건 기본이다. 하지만 10만 원도 안 되는 제품을 구매했는데 한번 구매했는데 판매 사원이 자신의 이름을 기억해 주리라고는 쉽게 생각하지 않는다. 하지만 그 쉽지 않은 일이 벌어진 것이다. 그런데 고객이 더 놀라고 미소 짓게 만든 건 계속해서 이어지는 판매 사원의 멘트였다. "안 그래도 요즘 경기가 안 좋아서 걱정이고 특히 부동산 경기가 많이 안 좋다고 걱정하시는 분들이 많은데 제가 다행이라 느끼는 건 그나마 고객님 아파트는 가격이 안 떨어졌다는 것입니다. 조만간 경기가 좋아지면 제 생각에는 고객님 아파트가 가장 많이 오를 거 같네요."라는 말을 하는 것이다(아파트가 고객 소유인지는 이전 상담 때 고객이 하는 말을 통해 파악해 놓고 있다). 판매 사원이 이런 말을 하는 순간 고객의 머릿속에는 무슨 일이 일어나겠는가? 그냥 아무 생각 안 난다. 그냥 '뭐지' 라는 생각만 날것이다. 큰 금액의 제품을 구입했는데 그것도 한번인데 이 판매사원은 자신의 아파트

가격까지 걱정하고 있으니 더 무슨 말이 필요하겠는가? 그냥 마냥 기분이 좋을 뿐이다.

이 일 이후로 판매사원과 고객 간의 벽은 완전히 없어졌고 백화점에 올 때면 항상 지나가면서 반갑게 인사도 하고 다른 제품을 구매할 때도 이 판매사원에게만 구매하는 건 당연하며, 아는 사람들 제품 살 때도 고객이 앞장서서 이 판매 사원에게 데리고 왔다. 결국 판매사원은 새로운 고객을 쉽게 확보해 나갈 수 있다. 물론 쉽게 고객을 확보했다고 해서 그걸로 끝나는 것이 아니라 새로운 신규 고객에 대해서도 철저한 관리를 하는 것이다. 어떻게 이런 상황 연출이 가능한가? 대답은 아주 쉽다 남들 쉴 때 안 쉬고 남들 멍하니 있을 때 일하는 것이다. 보통 판매 사원들이 근무 도중에 고객이 없으면 동료들끼리 가벼운 대화나 자신들의 개인적인 일을 처리하는 걸 많이 본다. 심지어 매장 컴퓨터를 이용해서 게임을 하거나 증권시황을 확인하는 직원들도 있다. 하지만 이 판매사원의 경우 조금만 시간이 나면 자신이 상담했던 고객들의 인상착의와 고객들과 했던 상담 내용이 기록된 개인 메모장을 계속해서 보고 또 본다. 또한 구매고객의 경우 이름부터 주소까지 기억하고 또 기억한다. 이런 노력으로 인해 다시 방문하는 고객들의 경우 대부분 제품을 구매하는 결과를 얻을 수 있는 것이다. 이런 노력을 '그 정도면 나도 한다' 라고 쉽게 말하는 판매 사원이 있을지 모르겠지만 한번 해보고 나면 다시는 그런 말을 입에 올리는 일은 없을 것이다.

또 한명의 판매 사원의 이야기를 해보자. A대리점에 근무하는 A직원의 이야기다. 이 직원에게 제품을 구매한 90%에 해당되는 고객은 다시 제품을 구매하기 위해서는 A사원을 찾아온다고 한다. 90%의 재구매율이란 정말 시골마을에 물건을 구입할 곳이 이 한군데 밖에 없는 상황을 제외하고 대도시의 경우에는 정말 찾아보기 힘들 정도로 대단히 높은 수치다. 물론 A사원의 한 달 개인 매출은 평균 1억 8천만 원 정도다.

어떻게 이런 높은 재구매율을 자랑할 수 있을까? A사원의 경우도 백화점 판매사원과 마찬가지로 제품을 구매한 고객들에게 다른 사람과는 조금 다른 서비스를 제공한다는 것이다. A사원은 제품을 판매를 위해서도 많은 노력을 하는 편이지만, 제품을 판매하고 난 다음에 하는 행동들은 오히려 판매할 때보다 더 잘 한다는 생각이다. A사원의 경우 제품을 판매하고 난 후 먼저 해당 제품에 매뉴얼이 있음에도 불구하고 좀 더 쉽게 잘 사용할 수 있는 내용을 작성하고 출력한 뒤 코팅 처리까지 해서 고객에게 준다. 아주 간단한 일이지만 실제로 다양한 기능을 제대로 사용하지 못하는 고객들에게는 쉽고 알찬 내용들이 반갑지 않을 수 없다. 그리고 구매 후 며칠이 지나면 제품을 잘 사용하고 있는지 확인 전화를 한다. 자신이 판매하는 제품의 특성상 일주일 정도 사용하면 사용자의 반응이 정확하게 나오기 때문에 제품이 설치되고 난 후 일주일 후에 전화를 한다. 그러면 대부분은 별 문제 없이 잘 사용하고 있다는 반응을 보이지만 몇몇 고객들의 경우 사소한 사용상의 불편함을 호소하는 경우가 있다. 이런 경우 A사원은 보통 판매 사원처럼 서비스센터로 연락을 해주는 것이 아니라 고객의 사용상의 불편함을 잘 듣고 자신이 먼저 문제를 해결한다. 전화상으로 해결할 수 있으면 해결하고 그렇지 않으면 퇴근 후 방문해도 괜찮겠냐고 묻고 괜찮다면 조금 늦은 시간이지만 방문해서 문제를 해결해준다. 또한 자신이 판매하고 있는 제품과 관련된 최신 정보를 요약해서 제품 판매 시 받았던 이메일 주소로 일주일에 한번 정도 보내준다. 보내는 메일에는 자신의 매장이 번화가에 위치하고 있고 주차가 힘들다는 것을 생각해서 매장 주차장을 이용할 수 있는 쿠폰까지 같이 보낸다. 이렇게 몇 가지만 보더라도 A사원은 판매할 때보다 판매하고 난 뒤 하는 일이 더 많다는 걸 알 수 있다. A사원은 어떻게 보면 쉽게 따라할 수 있는 간단한 일들로 고객의 마음을 사로잡을 수 있다는 말을 하고 싶다고 한다.

제품을 판매하고 난 뒤 자신의 고객을 잘 관리하는 게 쉽게 장사를 하는 노하우라는 말을 한번은 들어봤을 것이다. 그런데 자신의 고객을 충성고객으로 만들기 위해 어떤 행동들을 하고 있는가? 보통 하는 행동들을 보면 전화번호를 수집해서 매장에서 제품 할인 판매한다는 등의 광고 문구나 보내고 DM 발송으로 전단지를 보내는 행동을 한다. 요즘 문자메시지를 통해 광고해봤자 고객이 읽어보지도 않고 오히려 광고 문자 보내지 말라고 항의 전화까지 하는 일이 발생한다. 가장 좋은 건 매장 광고와는 상관없는 안부전화를 판매 사원이 직접 하는 것이다. 대부분 영업사원들이 TM을 정말 싫어한다. 문자는 쉽게 보내도 직접 목소리를 듣는 전화를 잘하지 못한다. 괜히 안 좋은 소리라도 들으면 어쩌나 하는 두려움 때문이다. 하지만 한번 자신에게 제품을 구매한 고객에게 친근한 전화 한통 하는 건 절대 어려운 일이 아니다. 자꾸 전화를 하는 버릇을 들이고 아니면 기념일 등을 확인해서 조그만 선물이라도 보내는 방법을 사용해서 지속적으로 고객과 함께 한다는 생각을 가져야 한다. 한번 팔면 끝이라는 생각은 정말 영업시장에서는 잘못된 생각이며 이런 생각으로 장사를 한다면 우둔한 장사치에서 벗어날 수가 없다.

지금 당신의 휴대전화를 열고 전화할 수 있는 상대가 몇 명이나 등록되어 있는지 확인해보자. 상대가 많으면 많을수록 당신은 성공한 인생을 살고 있다고 생각하면 된다.

Episode 14

제품은 팔려 나가는 게 아니라 파는 것이다

- 사람은 자기 자신을 객관적으로 바라본다는 건 참 어려운 일이다. 아무리 객관적으로 자신을 바라봐도 그게 정확히 객관적으로 자신을 바라본다고 말하기 어렵다. 어떤 일을 하더라도 자신의 능력을 객관적으로 바라볼 수 있다는 건 큰 힘이다. -

장사를 잘하기 위해서는 어떤 조건이 갖추어져야 하는가? 매장의 규모도 중요하고 사람들이 자주 다니는 곳인가도 중요하다. 어떤 제품을 판매하는가도 물론 중요하다. 이렇게 객관적인 비교 평가 가능한 것을 제외하면 무엇이 장사가 잘되고 안 되고를 결정하는가? 바로 그곳에서 일하는 사람이 어느 정도의 능력을 가지고 있는가가 중요한 요소 중 하나가 될 것이다. 아니 어떻게 보면 그 어떤 조건보다 일하는 사람의 능력이 가장 중요하다고 말할 수도 있다. 장사나 영업이나 어쨌든 사람이 하는 일이다 보니 그 사람의 능력에 따라 성과가 다르게 나오는 건 당연한 일이다. 그래서 장사할 때는 과연 내가 누구와 같이 하는가를 심각하게 생각해 볼 필요가 있다.

한 판매사원이 있다. 이 사원의 경우 한 달에 1억 이상을 판매하는 직원으로서 그 매장에서 상당히 물건을 잘 파는 사원이다. 말이 1억이지 하루에 330만 원 이상을 판매해야 가능한 일이다. 그래서 누가 봐도 장사를 잘하는 직원이라는 평가를 받는다.

그렇다면 정말 영업을 잘하는 사원일까를 알아 보기위해 이 영업사원을 좀 더 세부적으로 바라보도록 하자. 이 직원은 현재 5년차 판매 경력을 가지고 있다. 이 직원이 근무하는 곳은 가전제품을 판매하는 매장인데 매장 매출은 한 달에 4억 정도며 점에 근무하는 직원은 5명이다. 우선 이 직원의 경우 5년이라는 경력에서 오는 자신감도 있지만 이 자신감이라는 게 조금만 다른 각도에서 본다면 오만하다고 생각들 정도로 조금은 당차다. 영업사원에게서 당차라는 이미지는 참 좋은 것이다. 이 직원은 당찰 뿐 아니라 고객을 대하는 태도는 친절하고 제품에 대한 설명도 잘하는 편이다. 이미 말했지만 매출도 잘 하고 있다. 누가 봐도 좋은 직원이다.

하지만 이 직원은 컨설팅 과정에서 평점을 A-E등급(직원들 평가서 작성 의뢰를 받거나 매장 컨설팅을 할 때 등급을 평가를 통해 등급을 부여하는데 A가 가장 좋은 등급이며 E가 가장 낮은 등급이다) 가운데 C등급을 부여 받았다. 왜 그런 평가를 내렸지만 한번 보도록 하겠다. 일단 매장에 고객이 방문하면 이 직원의 경우 병아리 감별하는 것처럼 고객을 감별해서 구매 가능성이 높은 고객을 선별한다. 이 직원의 말로는 매장 앞에 차량이 서는 걸 먼저 본다고 한다. 고급차량을 타고 온 고객의 경우 다른 직원들보다 먼저 나가 맞이하고 제품 설명을 한다. 일단 고급차량을 타고 오는 고객이면 구매 확률이 높을뿐더러 구매금액도 크다는 게 이 직원의 설명이다. 또 다른 판단 기준은 가족단위로 매장을 방문하는 고객은 더 친절히 대접한다는 것이다. 아무래도 가족 단위 고객이면 판매가 수월하다는 말을 해준다. 가족 단위의 방문은 어쨌든 제품을 구매하려고 다 같이 나오는 경우라도 이럴 경우에도 재빨리 자기가 상담을 시작한다는 것이다. 매장에서 판매직으로 2년 이상 근무했던 경험이 있는 분들은 아마 이 직원과 비슷한 생각을 할 것이다. 물론 이 직원의 말이 틀렸다고 할 수도 없다. 판매에 있어서 구매확률이 높은 고객을 잡는 건 중요한 것이기 때문이다.

그런데 이렇게 생각해보자. 판매하는 사람들의 가장 큰 일반화의 오류는 자신이 판매한 제품은 자신이 판매했다고 생각한다는 것이다. 하지만 이 직원처럼 판매하기 쉬운 상대를 통해 판매되는 제품은 판매한다는 말을 써서는 안 된다. 그건 '제품이 자기발로 팔려 나가는 거지' 판매를 한 것이 아니기 때문이다. 팔려나가든 판매를 하던 파는 건 같은 게 아니냐는 말을 할 수 있겠지만 전혀 다르다. 일명 '얻어걸렸다' 는 표현을 쓰면서 그것도 자신의 능력이라고 생각하는 영업사원들은 지금이라도 당장 그 환상을 깨야지만 영업시장에서 살아남아 다음 단계로 넘어갈 수 있다.

왜 환상을 깨야 하는가? 좀 전의 그 직원의 경우를 통해 이야기 해보자. 이 직원이 판매하는 사람들의 경우 구매 가능성이 높다는 특징을 가지고 있다. 즉 판매할 때 고객들에게 제품만 추천하면 무난하게 판매되는 맛을 보게 되는 것이고 결국 다른 경쟁사나 다른 영업사원과의 뚜렷한 차별화 없이도 무난히 제품을 판매한다. 이 예를 든 사원을 평가한 시점이 2005년이다. 하지만 지금은 2009년이다. 시간이 흘렀다는 건 고객들의 수준도 변한다는 것이다.

예전에는 제품을 구매하러 매장에 들어오는 고객들의 구성이 ▼ 모양이었다. ▼의 경우 위쪽이 구매를 하려고 마음먹고 방문한 고객이고 가운데가 구매를 망설이는 고객이며 아래쪽이 그냥 구경하러 오는 사람들이였다. 하지만 지금은 어떤 모습인가? ◆ 모습이 2009년 현 시점에서 고객들의 모습이다. 즉 구매를 망설이는 고객층이 늘어났다는 점이다. 인터넷이나 경쟁업체를 방문해보고 매장에 방문해서 가격이나 상담 능력 등을 보고 구매하려는 고객들이 많아졌다는 것이다. 이런 시점에서 편안한 고객만 상대해왔던 직원의 경우 어떤 모습일까? 아직 같은 업종에 근무하고 있지만 월 매출을 봐도 별로 뛰어날 게 없고 그냥 말 그대로 평범한 수준의 판매 능력을 가진 직원으로 남아있다. 2005년 당시 지금 말하는 내용을 그대로 직원에게 참고하라고 알려줬고 1:1 면담 시 해당 내용에 대해 직원이 어느 정도 인정하는 모습을 보이기는 했지만 그 후 얼마동안 더 지켜본 결과로는 판매에 대한 이 직원의 행동이 결코 변한 게 없고 자신의 타성에 빠져 그냥 하던 식으로 계속하는 모습이 보여서 불안했는데 결국 변화하는 시장에 적응하지 못하고 뛰어난 능력을 잃어버리고 만 것 같아 안타까웠다. 사실 그 당시로는 자기가 생각할 때 자기는 잘 하고 있는데 남의 말이 귀에 들어올 리가 없고 어느 순간 누구나 한번은 겪는 '내가 최고다' 라는 생각이 드는 시점에서 주위를 둘러볼 수 있는 다른 제안을 이 직원에게 하지 못한 거 같아 미련이 더 많이 남는다.

시간은 사람을 반성하게 하는 힘을 가지고 있다. 그런데 유감스럽게도 그 반성할 수 있는 시간은 이미 늦은 시기에 항상 찾아온다. 현재 자신이 최고라고 생각하는 자긍심을 가진 영업의 달인들은 냉정하게 자신의 판매 형태를 돌아봐야 한다. 그리고 빨리 선을 만들어야 한다. 내가 제품을 판매하는 건지 아니면 제품이 스스로 판매된 것인지에 대한 경계선을 만들어야 한다.

Episode 15

옳다고 생각하는 걸 실천하는 건 큰 용기다

- 사람은 살면서 수많은 선택을 하게 된다. 그 가운데 돈이 관련된 선택을 할 때는 항상 정상적인 사고를 하지 못할 정도로 신경이 마비되는 것 같은 느낌이 든다. 하지만 가끔은 돈을 머리에서 지우고 옳다고 생각하는 것을 끝까지 하는 것도 멋진 일이다. -

기업의 목적이 이윤창출이고 영업의 목적도 돈을 많이 버는 것이다. 하지만 이렇게 돈을 벌기 위해 편법을 사용하면 돈을 벌기가 쉬울지는 모르겠지만 인생의 끝이 성공으로 끝나는 건 그리 많지 않은 것 같아서 다행이라 생각한다. 제품을 판매하는 데 있어서 양심을 가지고 판매하는 것도 쉽지는 않다. 고객에게 정확하게 제품에 대한 장단점을 다 말하고 판매하는 사람이란 거의 없다. 제품의 장점만을 내세우지 단점을 누가 쉽게 말할 것인가?

그렇다면 영업을 할 때 항상 과장되고 일단 팔고 보자는 생각으로 해야 하는가? 이건 상식적으로 맞지 않다. 영업을 잘하는 사람들의 공통적인 이야기를 들어보면 내가 판매하는 제품에 대해서 남들에게 속이면서 판매하면 결국 큰 영업인은 될 수 없다는 것이다. 주변에서 많이 듣게 되는 사막에서 우산을 팔고, 알레스카에 냉장고를 판매하는 사람이 정말 대단한 영업인이라고 생각한다면 조금은 잘못된 것이다. 단순하게 생각하면 그 정도로 능력이 있는 사람이라는 뜻에서 나온 말이기는 하지만 그런 성과를 이루기 위해서 어떤 가치를 내세워서 판매했는지에 대한 내용은 알려지지 않고 있다. 또한 그 대답이 있더라도 현실적으로 좀 납득하기 어려운 대답들뿐이다. 결국 세치 혀로 사람들을 설득하고 또 설득해서 그런 일을 가능하게 만든다는 것이다. 이런 식의 영업방식은 1980년대나 1990년대에 통하던 방식이다.

물론 아직도 갖가지 영업방식이 있지만 최근에 들어서 과거 영업방식에 대한 회의론이 많이 부각되고 새로운 영업방향을 잡아가는 게 새로운 추세다. 그 가운데 하나가 정말 멋진 영업인들이라고 말하고 싶은 영업의 본래의 의미를 잘 알고 행동하는 사람들의 모임이다. 모임의 이름을 거론하려고 했으나 그 모임의 절반이상이 이름이 알려지는 걸 별로 좋아하지 않아서 그냥 T모임이라고 하겠다. 이 T모임은 무엇을 하는가 하면 제품을 판매할 때 고객에게 정확하게 필요한 제품을 판매한다는 게 모임의 목적이다. 어떻게 보면 너무나 당연한 일이다. 당연히 제품을 팔 때 구매하는 고객에게 맞는 제품을 판매하는 게 맞는데 무슨 모임을 만들기까지 하냐는 이야기를 할 수 도 있다. 하지만 실제로는 많은 점에서 그렇지는 않다는 게 유감이다. 대부분의 고객들은 그래도 옷을 사러가거나 구두를 사러 가면 고객이 원하는 스타일과 사이즈를 선택하니 고객에게 맞는 제품을 판매할 수밖에 없을 거라는 확신을 가질 것이다.

하지만 조금만 더 자세히 상황을 생각해보자. 자신이 원하는 스타일을 구매하기 위해서는 먼저 제품을 봐야 할 것 아닌가? 여기서 대답이 있다. 디스플레이 해야지만 제품을 보고 이렇게 보이는 제품 가운데 하나를 구매 하는 것이다. 특히 잘 판매되는 베스트 제품이라는 문구나 비슷한 형태의 홍보문구가 들어가 있는 제품에 먼저 눈이 가는 건 당연한 일이다. 또한 판매 사원이 말하는 정말 없어서 못 파는 제품인데 딱 하나 남았다는 말에 현혹되어 구입하는 경우도 있지 않는가? 그렇게 선택했다면 그건 자신이 선택한 게 아니라 선택하도록 만들어진 구매 결정 사다리를 그냥 타고 내려간 것이다.

그렇다면 과연 그 제품이 정말 잘 판매되는 제품인가? 반드시 그렇지 않다. 딱 하나 남았다는 제품을 구매했는데 다음날 지나가다 보니 그 제품이 또 있기도 한 경우가 많지 않은가.

일반적으로 고객들은 자신들이 현명한 소비자라고 생각하지만 결국은 팔려고 하는 사람의 손아귀에서 벗어날 수 없다. 특히 전문적인 지식을 가져야지만 가능한 분야에 있어서는 영업하는 사람의 말이 절대적일 수밖에 없다. 의사나 변호사 그리고 건설업에 종사하는 사람들이나 가전제품을 판매하는 사람들의 말은 소비자들에게는 그냥 해주는 말에 따라 구매 결정을 해야 하는 경우가 많다. 그런데 이런 분야일수록 재고가 많거나 자신들이 더 이익을 볼 수 있는 방법을 사용하게 된다. 특히 병원의 경우 소아과나 동물병원이 더 심하다고 할 수 있다. 둘 다 자신의 의견을 표현할 수 없는 존재들이라 그냥 의사의 말을 100% 믿고 하자는 대로 하는 수밖에 없다. 이런 곳일수록 영업마인드가 더 투철해서 꼭 필요한 만큼의 진료를 해야 하는데 현실은 그렇지 못한 경우가 종종 있다. 더 심하게는 반대로 이걸 역이용해서 영업을 하는 사람들도 있다. 그냥 아프면 최소한의 치료를 해주며 몸은 병을 알아서 이긴다는 등 멋진 말로 정말 정직한 영업을 한다고 고객들이 생각하게 만들고 지속적 단골 고객으로 확보하는 것이다. 이렇게 고객의 심리를 이용해서 사악한 장난질을 치며 영업하는 사람들도 있다는 걸 알아야 한다. 이런 사람들 때문에 사회 구성원들이 서로 불신하게 된다는 게 마음 아플 뿐이다. 이런 상황을 설명 들으면 T모임이 내세우는 고객에게 맞는 제품을 판매한다는 모토는 원래 그래야 하지만 얼마나 힘든 일인가를 다시 한 번 생각하게 한다.

그 가운데 하나의 예를 들어보자. 강남에서 장사를 하고 있는 한 매장에 A라는 영업사원이 있다. 고가 제품을 많이 판매하고 있는 이 매장에 다른 매장에서 스카우트된 A가 처음 와서 영업을 시작했을 때 같이 일하는 다른 동료들은 이 A를 비웃었다고 한다. 왜 그런지 이유를 들어보니 A가 물건을 판매할 때 자신들이 판매할 때와는 조금 다른 행동을 해서 그렇다고 한다. 그 조금 다른 행동이라는 게 어떤 것이냐면 비슷한 제품을 판매하는 경쟁업체가 주변에 많은 매장이라 다른 곳에서 제품을 보고 오는 고객들이 많은데 이런 고객들의 경우에는 상담을 길게 할 필요 없이 가격만 조금 저렴하게 해주면 쉽게 구입하는데 이 A는 일단 고객의 왜 해당 제품을 구매하려고 하는지 다시 한 번 질문 한다는 것이다. 가끔은 고객이 원하는 거 그냥 주면 되지 뭘 자꾸 물어보느냐는 고객도 있지만 그때마다 A는 자신이 판매하는 제품인데 그냥 고객님이 원하시는 제품을 드리는 것도 판매자의 도리지만 제가 책임지고 판매하는 제품이 고객님에게 별 의미가 없는 제품이 되지 않을까 걱정이 돼서 그러니 이해를 부탁드린다고 말하면서 고객이 왜 그 제품을 구매하려고 하는지 반드시 다시 확인한다는 것이다. 그리고는 다른 매장에서 300만 원 제품을 보고 구매 결정을 하려고 방문한 고객을 절반 가격의 제품인 150만 원짜리로 돌려 판매하는 어이없는 행동을 하는 것이다. 누가 봐다 어리석은 영업사원이다. 그냥 300만 원짜리 팔면 되는데 왜 그러는지 이해가 안 가는 게 당연하다. 그래서 처음에는 잘못 스카우트해 왔다고 지점장도 후회를 하고 그런 행동을 하지 말라고 꾸짖기도 했지만 A의 행동은 계속 똑같았다고 한다.

그런데 몇 개월이 지난 후 A는 점에서 이전과는 전혀 다른 대우를 받고 있었다. 판매금액도 다른 직원들보다 월등할 뿐 아니라 단골 고객도 몇 년 근무한 직원보다 그 짧은 시간에 더 많이 만들었다고 한다. 그 이유는 한 번 A에게 제품을 구매한 고객의 경우 처음에는 반신반의하면서 제품을 구매하지만 A가 권장해준 제품이 자신이 사용하기에 정확한 제품이었다는 걸 알게 되고 그에 대한 신뢰가 두터워지면서 주변에 이 직원을 소개시켜주는 비중도 높아졌고 그 다음부터는 앉아서 오는 고객만 응대해도 꾸준한 매출을 발생시킬 수 있는 수준에 이르게 되었다. 그냥 남들처럼 재고 많은 제품으로 돌려서 판매하고 고객에게 맞지도 않은 제품을 판매가격을 올릴 수 있다는 생각으로 강매하는 그런 영업인들 사이에서 그래도 당당하게 자신의 행동이 옳다고 생각하면서 영업의 기본인 고객에게 최선의 제품을 선택하도록 도와준 A의 행동은 정말 멋지지 않을 수 없다. 이런 영업인들이 많아질수록 영업을 바라보는 시선이 조금은 따뜻해질 거라 생각된다.

Episode 16

영업은 틀을 만들고 하는 게 아니다

- 수많은 사례를 연구해서 하나의 틀을 만드는 걸 이론이나 법칙이라고 한다. 많은 노력으로 얻어낸 결과이니 소중하기는 하지만 영업에서만큼은 절대적인 이론이나 법칙을 말하는 건 어렵다. -

영업을 잘하기 위해서 영업사원들이 열심히 배우는 여러 가지 이론이 있다. 제품을 만들 때 주요 소비층을 대상으로 하는 조사를 비롯해 고객들의 유형을 분석해서 보이는 행동에 따른 판매 기법과 상담방법 등을 이론으로 만들기도 하고 고객 맞이 인사부터 배웅인사까지 절차를 순서도로 만들어 놓은 것들도 있다.

그런 방법들은 과연 절대적인가? A라는 매장에 컨설팅을 위해 방문해 있는데 50대쯤 되어 보이는 고객이 매장 문을 열고 들어왔다. 행색을 보아하니 흙 묻은 장화를 신고 옷차림도 그렇게 좋아 보이지는 않았다. 이 고객이 제품을 구매하기 위해 매장을 들어섰을 때 대부분의 영업사원들은 이 고객을 별로 눈여겨보지 않았다. 그러나 일단 방문한 고객이니 상담을 해야 했고 한 직원이 고객에게 가더니 몇 마디 하고 옆으로 살짝 비켜나더니 다시 근무하던 자리로 이동했다. 그 직원에게 다가가서 고객이 뭐라고 하더냐고 물었더니 "그냥 혼자 보시겠다는데요. D무슨 이론에 의하면 고객의 유형을 판단하는 게 있는데 저런 고객의 경우 그냥 내버려 두는 게 제일 좋다고 하더라구요."라는 말을 하며 자신이 얼마나 좋은 영업사원인가를 증명하고 싶어 하는 것처럼 보였다. "그렇군요."라는 말과 함께 A매장에서 가장 친하게 지내고 있는 사원에게 고객이 그래도 혼자 보시는 건 안 좋은 거 같으니 옆에 대기하고 있다가 혹시라도 궁금한 거라든지 눈 여겨보는 제품이 있으면 고객이 묻기 전에 먼저 알려 드리는 게 좋을 것 같다는 말을 했고 그 직원은 흔쾌히 그러겠다고 했다. 그러자 좀 전에 상담을 진행했던 직원이 비아냥거리면서 하는 말이 "어차피 행색을 보나 말하는걸 보니 구매할 고객은 아닌 거 같은데 뭐 그럴 필요가 있겠어요. 어차피 그냥 갈 걸요."라고 말했다. 그 직원이 그 매장에서 2년 정도 근무한걸 알고 있었기에 "그럴지도 모르지요. 하지만 우리가 있는 이유가 뭐겠습니까? 옆에 있다가 혹시라도 고객이 궁금하신 거 있으면 알려 드리는 게 영업의 기존자세가 아닐까요?"라는 말을 전했다.

그런 대화가 오가는 사이에 고객을 상담하러 갔단 직원이 전산으로 뭔가를 조회하더니 고객을 상담 테이블로 안내해서 계약서를 작성하는 게 보였다. 일단 뭔가가 잘 진행된다고 생각하고 있었는데 상담 갔던 직원이 수표를 한 장 들고 계산대로 왔다. 다들 놀란 건 그 수표가 천만 원짜리였던 것이다. 직원말로는 고객 옆에 서 있다 보니 고객이 눈 여겨 보는 제품이 있었고 묻기 전에 몇 마디 먼저 제품에 대해서 알려드렸더니 구매결정을 바로 하셨다는 것이다. 구매 결정액은 730만 원이었다. 누가 봐도 그 정도 금액의 제품을 구입할거 같지 않아 보였던 고객이여서 고액의 제품을 구매할만한 사람으로 보이지 않는다 해서 상담을 기피했던 직원들은 할 말이 없을 것이다.

물론 고객이 제품을 볼 때 옆에서 지켜보고 관심 있어 하시는 내용을 먼저 알려 드리는 게 좋다는 이론도 있다. 그러나 그런 모든 이론들을 결국 모든 상황에 통하지는 않는다는 것이다. 그래서 어느 한두 가지 이론이 절대적이라는 생각을 하는 영업사원들은 한두 명의 고객의 사랑을 받을지는 모르지만 많은 고객의 마음을 사로잡을 수 있는 기술을 가지지 못한다. 지금까지 수없이 많은 경제학자들과 혼자 힘으로 성공한 세계의 갑부들이 써놓은 책들에는 수많은 이론이 있다. 또한 심리학자들이 고객의 유형을 면밀하게 분석해서 만들어 놓은 이론들도 있다. 이런 이론들을 다 이해한다면 과연 영업을 잘할 것인가? 일단 답을 먼저 한다면 '도움은 된다' 정도 수준에서 말을 하고 싶다.

어떤 것이든 영업시장에서 이 방법이 진리라고 말할 수 있는 것은 없다. 다만, 고객의 마음을 읽고 그것에 맞춰 상담을 해서 제품을 판매하는 것이 판매 확률이 높기 때문에 고객의 마음을 읽기 위해 필요한 수많은 질문들을 정리해놓고 그 질문을 할 때 어떻게 하면 고객으로부터 부담 없이 대답을 이끌어 낼 수 있을까를 연구하고 또 연구하는 것이다. 그런 노력이 계속될 뿐이지 '이거다' 라는 진리는 없다는 것이다.

몇 번이나 말하지만 영업하는 사람들의 가장 큰 특징이 자신의 틀에서 벗어나려하지 않는 다는 것이다. 자신의 방법이 최고라고 생각하는 사람들이 너무나 많다.

그럼 이렇게 생각해보자. 한 영업사원이 고객의 행동에서 보이는 몇 가지를 잘 판단해서 고객을 판단하고 고객이 원하는 제품을 제대로 제안해 계약에 성공했다. 그리고 몇 달 후 다시 그 고객과 상담을 하게 되었는데 이 직원의 경우 과거 자신이 고객에 대해서 알고 있는 데이터를 이용해서 질의응답의 과정이 없이 그냥 제품을 제안했다.

그런데 이번에는 계약에 실패했다. 이유는 간단하다. 사람의 마음을 단순하게 몇 마디의 대화나 행동의 패턴을 읽어서 알 수 있다는 자체가 정말 큰 오만이다. 아침과 저녁때가 다른 게 사람의 마음인데 그걸 어떻게 안단 말인가? 가끔 주식투자를 하는 사람들과 이야기하다가 보면 주식은 사람들의 심리게임이라는 말을 자주 듣게 된다. 어차피 누군가가 잃는 돈을 누군가가 벌게 하는 게 주식이다 보니 사람의 마음을 읽는 사람이 무조건 승리하기 때문에 순간의 판단이 중요하고 한발만 먼저 생각하면 주식으로 큰 돈 번다는 말을 한다. 이런 사람들은 처음에는 주식으로 돈을 좀 버는 모습은 봤지만 시간이 지나면 다들 주식해서 돈 벌었다는 이야기를 듣기는 힘들었던 것으로 기억된다. 그런데 정말 티내지 않고 조용히 주식 잘하는 사람들과 이야기를 하다 보면 사람들의 심리가 중요하기는 한데 그걸 알기가 쉽지 않기 때문에 확률이 높은 것에 투자를 하는 것이지 무조건이라는 말은 주식에 없다 는 말을 한다. 즉, 무조건이라는 말은 어느 상황에서나 해서는 안 되는 말이다. 특히 영업시장에서는 절대적이라는 말은 없다. 그렇기 때문에 고객에 대한 연구는 매일 매일 다르게 진행되어야 한다. 한번 만들어 놓은 고객 판단 자료를 가지고 얼마나 활용할 수 있을 것 같은가?

예를 들어 40~50대의 고위직 영업담당자들이 10대 청소년들이 생각하고 있는 것들에 대해서 얼마나 알고 있는가를 생각해보자. 영업담당들은 10년 이상 영업에 관련된 업무를 하면서 고객들을 판단하는 수많은 기준을 만들었을 것이다. 그런데 자신이 주로 상대하던 고객층이 40대였다면 해당 기준이 어느 정도 도움이 되지만 한순간 대상자가 10대로 변경된다면 몇 가지 사람의 심리를 이용한 판단 기준을 제외하고는 전부 다 소용없는 지식이 된다는 것이다. 요즘 청소년들이 얼마나 대단한 존재들인가 하면 하루 자고 일어나면 중장년층이 이해하지 못하는 신조어를 하루에도 수십 개씩 만들어 내고 있다. 그리고 이 신조어들은 인터넷이라는 공간을 통해 너무나 쉽게 전파가 되고 어느 순간 정체 모를 말들이 사용되고 있다. 한국에 살면서 한국어를 이해하지 못하는 시대가 온 것이다. 더 놀라운 건 40~50대는 상상도 못할 욕설을 요즘 청소년의 일부는 너무나 당연한 듯 사용한다는 것이다. 길거리를 가거나 아니면 공공장소에서도 민망할 정도의 욕설을 서로에게 너무나 자연스럽게 하는 청소년들을 많이 보았을 것이다. 욕설이라는 잘못된 행동이 그냥 당연히 되는 그들만의 문화인 것이다. 이런 대상자들에게 영업을 해야 하는데 자신이 기존에 가지고 있던 영업지식이 무슨 소용이란 말인가? 결국 이런 문제로 인해 영업에 실패하는 경우도 많이 있다.

어느 회사에서 하나의 제품을 만들었다. 누가 봐도 성능도 디자인도 괜찮아서 잘 만들어진 제품이라고 평가를 받았다. 그런데 시장에 나와서 거

둔 성과는 정말로 처참할 정도였다. 완전한 실패작으로 돌아간 것이다. 왜 그런가 해서 이유를 분석해보니 누가 봐도 잘 만들었다는 평가는 그 제품을 개발한 30~40대의 눈에는 그랬다는 것이다. 주 소비층이 10대가 보기에는 별로라는 말로 평가되는 제품으로 남았고 결국 실패작이 된 것이다. 이렇듯 어떤 이론이나 고객을 판단하는 유형으로도 판단되지 않는 것들이 있기에 영업시장에서의 고객판단에 대한 모든 이론은 그저 참고만 되는 것이지 핵심이 될 수는 없다는 것이다.

그럼 어떻게 해야 하는가? 많은 시간 영업을 하는 사람들을 지켜보면서 느낀 점이 한 가지 있다. 영업을 멋있게 한다는 평가를 받는 사원들의 경우에는 한결 같다는 것이다. 한결같다는 건 변화하지 않는다는 게 아니라 어떤 고객이든 어떤 제품을 만들던 모든 것을 구매자 중심을 사고를 한다는 것이다. 자신이라는 존재는 그들에게 의미가 없었다. 그들의 머리는 온통 내가 만든 제품이 과연 주 소비층에서 어떤 평가를 받을까? 내가 판매하는 제품이 이 고객에게 어떤 혜택을 줄까? 불편한 점은 없을까? 지금 이 고객은 어떤 점이 마음에 걸려서 제품을 구매하지 않을까? 다음에 다시 찾아주기 위해서는 어떻게 해야 할까? 구매한 제품은 잘 사용하고 계실까? 등등 온통 '고객에게 어떻게 하면 될까' 라는 생각으로 살아가고 있다. 당연한 일이지만 누가 이렇게 생각하는가? 보통 사람들의 머리에는 오늘의 매출은 얼마로 마감할까? 이 제품을 잘 만들어서 많이 팔면 승진이나 보너스를 받지 않을까? 일단 팔았으니 잘 쓰겠지 내가 거기까지 신경을 쓸 필요가 있을까? 등의 생각을 하고 있다는 것이다.

가끔 매장을 지나가며 영업하는 사람들을 볼 때 영업시간 중에 전산 단

말기를 열심히 바라보는 사람들이 있다. 물론 고객도 없고 오늘 목표나 익일 목표 배송건 등을 위해 보는데 뭐가 문제냐고 할 수 도 있다. 하지만 늘 전산을 잡고 바로 본들 없는 고객이 생길 리도 없지 않은가? 그 시간에 그간 구매한 고객들에 대한 안부전화나 신규 제품에 대한 지식 습득이나 직원들 간의 아이디어 교류 등이 더 값진 결과를 낳을 거라는 생각을 한다.

영업에서 절대적인 것은 오직 하나다. 나의 고객이 얼마나 내가 판매하는 제품을 구매해서 잘 사용할 수 있을까라는 고민 하나 그 고민 하나가 그 영업사원을 최고로 성장시킬 것이다. 오늘도 출근하면서 '아 오늘은 또 어떻게 보내나' 를 고민하지 말고 오늘은 어떤 고객들과 새로운 인연을 맺을까라는 두근거림으로 살아가라.

Episode 17

변화는 강제로 이루어지지 않는다

- 변화라는 말은 사람에게 있어서 가장 큰 어려움을 가지는 말이다. '변화해야 살아남는다' 라는 말에서도 알 수 있듯이 흐름에 따라 자기 자신을 바꿔야 살아가는 건 맞는 말이긴 한데 행동을 하기란 정말 너무 어려운 말이다. 결국에는 누군가의 강압에 의해 변화를 하기는 하겠지만 그 때는 이미 늦은 변화라는 걸 생각해야 한다. -

요즘 대학생들을 보면 정말 대단하다는 생각만 든다. 예전에는 대학교에 들어가면 일단 편안한 생활, 대학가의 낭만 등을 이야기 했지만 요즘 대학생들은 입학과 동시에 취업전쟁을 치르기 위해 오히려 고등학교 때보다 더 많은 공부와 어학연수 현장실습 등을 한다. 기계도 아닌 사람의 능력을 스펙이라는 말로 표시하면서 사람에 대한 평가를 단순히 그 사람이 갖고 있는 몇 가지 숫자로 평가하는 사회로 시대는 변화했다. 물론 숫자가 좋다는 것은 그 만큼 열심히 살았으니 대우를 받는 건 당연하다. 남들 놀 때 공부한 대가는 받아야 하는 것 아닌가. 하지만 세상은 숫자로 모든 게 결정되는 건 아니다. 오히려 숫자는 남들보다 낮을지는 몰라도 그 동안 끝없는 공상을 하며 새로운 아이디어를 생성하는 삶을 살아왔다면 사회는 그런 인재들을 통해서 더 발전할 수도 있다. 하지만 숫자가 낮기 때문에 그런 기회조차 주어지지 않는다는 게 안타까울 뿐이다. 몇몇 기업에서 취업연령이라는 숫자 하나는 없앴지만 아직도 나머지 숫자들은 사람의 생각이 담긴 자기소개서보다 우선한다는 게 중요하다. 이렇게 시대가 변하면 그 시대에 맞게끔 변화해야지만 살아남는다는 건 누구나 인정하는 말이다.

하지만 정말 변화해야하는 곳이 변화하지 않는다는 건 아직도 변화를 두려워하거나 자신들이 가지고 있는 특권이 있다고 생각하는 잘못에서 나온다고 할 수 있다. 그런 몇 곳이 있는데 병원이나 은행 그리고 관공서다. 다행스러운 건 최근에 이곳들에 변화를 위한 몸짓을 하고 있지만 아직도 다른 곳에 비하면 멀었다는 생각을 한다. 지금 거론했던 곳들이 왜 변화하기 쉽지 않은가는 잘 알고 있을 것이다. 일단 자신들의 위치가 일반적인 사람들보다는 높은 위치에 있다고 착각하기 때문이다. 자신들이 더 많이 알고 자신들에 의해 결정되는 것이 많을수록 전혀 변화를 기대할 수 없다.

해당되는 예를 하나씩 살펴보도록 하자. 얼마 전 은행에서 고객들에게 너무나 친절한 청원경찰로 일하는 사람들의 예가 언론을 통해 소개되는 것을 많이 봤을 것이다. 그리고 은행장이 고객들에게 친절한 서비스 마인드로 음악을 연주해주거나 번호표를 뽑아 주는 등의 행동에 대한 언론보도도 보았을 것이다. 일부 변화하는 것으로 보이지만 아직은 더 많은 사람들이 변화를 두려워하고 있다. 특히 예금창구에 앉아 있는 사원들의 경우 어느 정도 친절함이 서서히 몸에 배기 시작했지만 대출창구의 직원들의 경우에는 아직도 멀었다는 생각이 든다. 자신들의 근무하는 회사에 위험성을 낮춰 충성을 다하는 모습은 좋으나, 그런 문제로 인해 대출을 받으러 온 고객들에 대해서 인생의 낙오자처럼 대우하거나 마치 자신의 돈을 빌려 주는 것처럼 보이는 것들은 정말 실망을 넘어서 심하게 말하면 역겹기까지 한 문제다. 이런 대출에 대한 불친절이 어느 정도 문제가 되면서 대출할 때도 친절한 은행이라는 광고를 하는 곳도 있지만 아직도 대출창구는 일반 서민들에게는 정말 기분 좋지 않은 장소임에 틀림없다. 은행은 지금 변하지 않으면 앞으로 정말 대단한 은행 아니고는 살아남지 못한다고 단정 지을 수 있다. 달리 말하면 은행에 근무하는 사람들의 경우 정말 서비스마인드로 영업정신을 마음과 몸에 뿌리내리지 못하면 오래 일하기 힘들 것으로 보인다. 은행은 점점 자동화되어가고 있다. 벌써 상당히 많은 사람들이 일 년에 한 번도 은행 창구에 직접 찾아가지 않는 경우가 많아지고 있다. 현금은 현금지급기에서 찾으면 되는 거고 이체나 잔액확인은 그냥 집에서 인터넷뱅킹으로 처리하면 된다. 대출 관련 건이 아직은 직접 은행을 내방해야 하지만 이런 것들도 점차적으로 인터넷을 통해서 충분히 처리 가능하게 보인다.

그렇다면 은행창구는 점점 줄어들 것이고 그곳에서 일하던 잉여 인력은 더 이상 존재 가치가 없어지는 것이다. 그러므로 은행은 단순한 돈을 주고받는 곳이 아니라 새로운 문화를 제공하는 장소로 변화하지 못하면 더 이상 생존하기 어렵다고 본다. 은행에 가면 뭔가 재미있는 일이 있다거나 PB뿐 아니라 일반 창구에서도 제대로 된 금융컨설팅을 받을 수 있다는 생각을 고객들에게 빠른 시일 내 심지 않으면 존재 유무를 단정하기 어렵다.

병원의 경우에는 이미 서비스제공에 대한 생각을 가진 의사들이 급속도로 늘어나면서 변화를 잘 받아드린다고 볼 수 있다. 사람의 병을 치유하는 신성한 병원을 영업하는 곳이라고 말하면 히포크라테스 선서에 의한 의사들의 봉사활동에 대한 이해가 부족한 몰상식한 사람이라고 말할지도 모른다. 그런 사람들에게 반문하고 싶다. 정말 자원봉사를 통해 사회에 봉사하고 의학을 자신의 생계수단이 아닌 나눔의 미학으로 생각하는 사람이 몇 명이나 되겠는가라고. 물론 어려운 사람들을 위해 정말 열심히 봉사하는 의사 분들도 많이 봐왔다. 그런 분들에 대해서 지켜보는 것만으로도 영광스럽다는 생각도 하고 있다. 하지만 전체 의사를 100으로 봤을 때 그런 정신으로 의학을 펼치는 의사가 그리 많지 않다는 게 아쉽다. 예전에 한 의사와 이런 이야기를 했더니 정말 세상 물정 모르고 하나만 생각하는 어리석은 사람이라는 이야기를 들었다. 그 의사의 말로는 병원이 돈을 벌어야 더 좋은 기기들을 구입할 수 있고 의료의 질도 높아지기 때문에 단순하게 생각할 문제가 아니라고 했다. 그래서 반문했다. 맞는 말이지만 그럼 의사들의 급여를 근무하는 시간에 따라 고정급으로 하는 건 어떻겠는지 제안했더니 아무 말을 안 하더라. 정말 봉사와 의료의 질을 생각한다면 근무시간에 해당되는 시간에 대해 최저임금만을 받고 나머지는 사회에 환원하는 모습은 아직은 기대하기 어려운 모습인가 보다. 그 의사의 말처럼 그렇게 하면 누가 의사 하겠냐는 건 이해한다. 정말 의사 직업에 낮은 임금을 지급한다고 하면 지금 의대에 진학하기 위해 열심히 공부하는 학생들은 대부분 사라질 것이다. 그리고 아무도 의사라는 직업을 택하지 않을 것이다.

그래서 그런 거대한 희망은 꿈꾸지도 않지만 그렇다면 그만큼의 대우를 받는 대신 자신을 찾은 고객들에게 고객들이 지불하는 대가만큼의 만족감을 갖도록 하는 게 병원의 의무일 것이다. 하지만 병원은 들어가는 순간부터 간호사들의 따뜻한 말 한마디가 별로 없고 의사랑 이야기를 하면 그냥 대강 보고 대강 말하는 그런 느낌을 받는 건 혼자만의 생각이 아닐 것이다. 정이 많으면 의사생활 못한다는 건 알지만 그래도 기본적으로 자신들이 따뜻한 마음을 가졌다는 건 어느 정도 보여줘야 하는 것이다. 병원을 찾은 사람들에게 어떤 증상으로 어떤 정도의 약을 사용하며 어떤 현상이 나타날 수 있고 치유과정이 어떻게 되면 괜찮은 거고 반대로 이렇게 된다면 다시 한 번 병원을 찾아 주는 게 좋겠다는 친절한 설명과, 처방하는 약의 경우 어떠한 것들인데 이 약들은 왜 처방을 하는지 인체에는 어떤 영향을 미치는 약인지에 대해 설명을 해줘야 한다. 병원을 찾은 고객들이 그런 말들을 전부 이해하진 못해도 대략 의사가 자신에게 관심을 가져주는구나 하는 느낌은 받도록 하는 영업인의 모습을 보여줘야 한다는 것이다. 그런 점에서 성형외과 의사들의 경우 정말 친절하다. 별도의 상담팀장도 따로 두고 어떻게 해서든 성형을 하도록 만드는 놀라운 입담과 성형 후 모습을 미리 컴퓨터그래픽으로 예상해주는 기술까지 정말 최고의 서비스가 아닐 수 없다. 돈이 되는 치열한 경쟁 속에서 먼저 깨달고 변화하는 곳이라 할 수 있다.

이제 관공서의 예를 들어보자. 요즘 관공서에 가면 입구에 안내를 맡고 있는 분들이 따로 있을 만큼 보여주는 서비스는 좋아지고 있다. 그리고 소규모 관공서로 내려올수록 서비스 마인드는 좋다고 본다. 반면 높은 곳으로 올라갈수록 서비스 마인드는 점점 없어진다. 공무원이라는 직책을 가진 사람들의 경우 그 누구보다 자신이 하는 일에 대해서 영업마인드를 가져야 한다. 책상에 앉아 머리로 생각하는 모습이 아닌 언제나 현장에서 문제점에 대한 답과 발전 방향에 제시하기 위해 최대한 많은 시민들의 이야기를 직접 듣고 실천해야 하는 게 공무원의 모습이다. 하지만 아직 그런 부분이 상당히 모자라는 느낌이다. 모두다 만족시킬 수 있는 정책은 아니라도 그들이 항상 말하는 국민이 낸 세금으로 하는 일에 대해 좀 더 생각하고 또 생각해서 예산을 집행할 수도 있을 텐데 아직도 심심하면 멀쩡한 도로나 보도블록을 바꾸는 일은 한다고 평가 받는 것을 왜일까. 공무원이라는 게 일 잘 못해도 비리만 저지르지 않으면 안전한 곳이라서 능률이 떨어진다는 국민들의 생각을 바꾸지 않으면 공무원들도 철밥통이라는 불명예스러운 별칭도 더 이상 유지하기 힘들어야 한다. 이제 공무원도 경쟁적으로 국민들을 위해 그리고 자신들이 받는 혜택에 대해서 그 만큼의 일을 할 시점으로 보인다. 이 시점에서 변화하지 못하면 언젠가는 부당하게 누린 혜택에 대한 대가를 치러야 할 것이다.

이렇게 변화하지 않는 것에 대해서 말하면서 특정집단에 대해서 말하는 게 옳지 않다는 건 알고 있다. 그리고 그들의 대부분은 정말 열심히 일하고 있다는 것도 알고 있다. 하지만 가장 핵심적인 사람들이 변하지 않으면 사회 전체가 변하지 않는다고 생각하고 그 사람들이 변하고자 한다면 변화할 수 있는 모든 제안을 해주고 싶은 마음이 너무나 간절해 이렇게 글로 표현하기 되었음을 말하고 싶고 특정 집단에 대한 전체를 비판하는 건 아니라는 걸 참고해주길 바란다.

Episode 18

아주 작은 차이가 경쟁력을 좌우한다

- 올림픽 100m 단거리 경주에서 1등과 2등의 차이는 보통 찰나의 순간에서 결정된다. 그리고 메달을 받지 못하는 4등의 경우에도 보통 1등과 2초 이상 차이가 나지 않는다. 그러나 역사는 메달을 딴 선수는 기억하지만 4위를 기억하지 못한다. 영업시장에서 경쟁력도 마찬가지다. 보기에 아주 작은 차이가 전체적인 경쟁력의 차이를 만들고 살아남는 사람과 그렇지 않은 사람으로 분류한다. -

1등만 최고로 생각하던 우리나라 풍속에 참 다행스러운 일이 하나 있다. 어떤 것이든 1등은 대우를 받고 2등은 마치 아무것도 아닌 것처럼 생각하는 문화가 요즘 서서히 변해가고 있기 때문이다. 올림픽의 예로 봐도 예전에는 금메달이 아니면 은메달이든 동메달이든 정말 열심히 해서 세계 3등 안에 든 선수들의 얼굴이 좋지 않았다. 물론 그동안 자신이 한 노력에 비해 메달 색깔이 마음에 안 들어서 그럴 수도 있겠지만, 세계 2, 3등을 하고

도 사람들로부터 인정받지 못하는 설움이 더 커서 그랬을 것이다. 하지만 요즘은 꼭 금메달이 아니라도 최선을 다해 멋진 경기를 보여준 선수에게는 우리나라 사람들도 진정한 마음의 박수를 보낼 정도로 성숙해졌다는 점에서 다행스럽다는 것이다. 유감스럽게 그 열기가 경기가 끝나고 한 달을 가기 힘들다는 건 아쉽기는 하지만 어쨌든 성숙해진 국민문화가 좋아 보일 따름이다.

하지만 올림픽과는 다르게 영업시장에서는 1등과 2등의 의미는 완전히 달라진다. 판매 1등과 2등이 큰 차이가 있겠는가라고 할지도 모르지만 안타깝게도 영업시장에서 실제로 1등과 2등의 차이는 생각보다 엄청나다고 보는 게 맞는 거 같다. 두 기업이 서로 100만 대가 넘는 제품을 판매했지만 그 가운데 100만 1대를 판 기업은 판매 1위라는 말을 사용할 수 있지만 100만대를 판 기업은 아무런 홍보도 못하기 때문이다. 가끔 우리나라에서 '두 번째로 맛있는 잘하는 집' 이라는 코믹한 문구를 사용한 간판이나 광고가 보이기는 하지만 그건 아마추어 시장에서나 스팟 성으로 가능한 일이지 프로들의 시장에서 그런 말은 의미가 없다고 봐도 무방하다. 그러다 보니 어떻게 해서든 1위라는 말을 붙이기 위해 허위 과장광고를 하는 경우도 생기고 생산방식의 차이를 들먹거리며 서로 업계 판매 1위라는 말들을 하고 있다.

그럼 왜 영업시장에서 1위라는 말이 중요한가? 이유는 유치할 만큼 간단하다. 고객입장에서는 한번 구매한 경험이 있는 제품이 마음에 드는 경우에는 같은 제품을 재구매하거나 같은 브랜드 제품을 구매한다. 반면, 마음에 들지 않는다면 다른 브랜드의 제품을 찾아볼 것이다. 그런데 만약 처음이라고 생각해보자. 어떤 데이터에 의존해서 제품을 선택하게 되는가? 광고를 보고 구매하기도 하고 판매 사원이 권해주는 제품으로 구매하기도 하겠지만 스스로가 현명한 소비자라고 생각하는 사람들의 경우 대부분 가장 많은 사람들이 사용하는 제품이라는 것을 선택할 것이다. 많은 사람들이 선택한 제품이면 어느 정도 검증이 되었다고 생각하기 때문이다.

예를 들어 본다면 낯선 곳에 가서 밥을 사먹으려고 할 때, 비슷한 메뉴를 가지고 있는 3개의 음식점이 있고 하자. 처음 방문한 당신은 어느 음식점으로 갈 것인가? 아마 대부분은 가장 손님이 많은 식당으로 가게 될 것이다. 고객이 많은 음식점이 맛있다고 생각하기 때문이다. 이런 점을 이용해서 식당 주차장에 친인척의 차량을 세워두는 방법을 사용하는 식당 주인들도 있다. 주차장에 주차된 차량의 숫자를 보고 식당에 들어가면 손님이 하나도 없어 난감했던 기억은 아마 대부분 한번쯤은 있을 것이다.

이런 이유로 영업시장에서 1등은 그만큼 중요하고 마케팅에서도 가장 많이 사용되는 용어가 소비자가 가장 많이 찾는 업계 1위 제품이라는 콘셉트이다. 이런 프로들의 경쟁에서는 1위라는 타이틀을 얻기 위해 수많이 제품 기획부터 판매 전략까지 엄청난 자원을 쏟아 결과를 얻을 것이다. 그런데 아주 조그만 차이를 이용해서 고객들의 마음을 잡는 것도 가능하다.

예를 들어보면 H백화점에서 생필품을 구매하는 것과 A백화점에서 구매하는 것 그리고 E할인마트에서 생필품을 구매하는 것이 전부 다르다는 것이다. 주변의 지인들에게 부탁해서 세 군데 매장에서 같은 물품을 구매하도록 했다. 구매 물품은 소고기와 돼지고기로 해달라고 부탁했고 세 군데 매장에서 느낀 점을 알려달라고 했다. 단 한 그룹은 E할인마트에서 시작해서 A백화점 그리고 마지막에 H백화점에서 구입하도록 했다. 다른 그룹은 그 반대로 조사해 줄 것을 부탁했다. 그리고 각각 겪은 이야기를 나중에 다시 모여서 하기로 하고 행동하기 시작했다. 두 그룹 다 제품을 구매한 다음 다시 만나서 어떤 점들이 다른가를 물어보니 E할인마트에서 H백화점으로 구매했던 그룹의 경우 E할인마트와 A백화점의 경우 차이점을 잘 모르겠다, 그렇지만 H백화점은 좀 달랐다는 대답을 했고, 그 반대 그룹의 경우 H백화점이 다른 곳보다 우월했다고 평가를 내렸다. 나머지 A백화점과 E할인마트의 경우 오히려 E할인마트가 더 좋은 거 같다는 평가를 내렸다.

그렇다면 구매 금액은 어떤가? H백화점과 A백화점의 경우 가격이 비슷했고, E할인마트의 경우 많은 차이는 나지 않지만 두 백화점보다는 조금 저렴했다.

그럼 H백화점에서 고기를 구입한 사람들의 경우 뭐가 좋았다는 것인가? 대답은 고기가 좋아보였다거나 고기 진열을 잘했다 등이 아니었다. 구입한 제품을 보여주면서 H백화점의 고기를 구입하고 포장을 하는데 다른 곳과는 다르게 포장을 해줬다는 것이다.

예전에 정육점에서 고기를 사면 꼭 신문지 등에 말아서 주곤 했는데 최근에는 검은 봉지에 그냥 넣어주는 경우나 그냥 흰 비닐 팩에 넣어주는 경우도 있다. 왜 예전에 신문지에 말아주었는가 하면 고기라는 게 일단 그냥 들고 다니기에는 다소 보이는 게 좋지 않아서 그랬다. 그런데 H백화점은 그런 방법을 이용해서 고기를 구입하면 흰 종이에 싸는 포장을 해서 고객에게 전달했던 것이다. 받는 사람 입장에서는 요즘 잘 겪어 보지 못하는 일이라 처음에는 그냥 그렇구나 생각을 하지만 다른 곳에 가서 같은 제품을 구매해 보니 그제야 H백화점이 좀 다르다는 생각이 들면서 백화점 전체에 신뢰가 생긴다는 것이다.

반면 다른 두 곳은 그런 고객에 대한 정성이 없었다는 게 아쉬운 일이라고 말했다. 오히려 A백화점의 경우 차별화 없이 가격이 E할인마트보다 비싸니 백화점이라서 그렇겠지 하고 생각은 하겠지만 그래도 쓸데없이 비싼 거 아닌가 하는 생각을 하게 된다는 것이다. 단, H백화점을 몰랐다면 그런 생각이 들지 않겠지만 H백화점을 겪고 나면 상대적으로 A백화점이 가장 좋지 않은 평가를 받게 되는 것이다. 단순히 고기를 하나 구입하면서 매장 전체의 이미지가 평가되는 셈이다. 그냥 평범하다면 정말 평범하지만 이런 것 하나로 다른 곳과의 차별화를 시킬 수 있다는 것은 H백화점의 담당자가 판매원들과 생각을 모아서 실천하는 모습으로 보여 다른 곳과 차별화를 철저하게 시킨다는 점에서 너무 좋은 사례라고 할 수 있다.

또 하나의 예를 들면 요즘 명품 좋아하는 사람들의 이야기를 해보자. 명품이라면 별로 신경을 쓰지 않고 사는 사람들이 아마 신경을 쓰고 사는 사람들보다는 더 많을 것이다. 그런데 어느 순간 우리나라도 명품족이라는 용어가 생겨나고 L화사의 가방의 경우 여성들 사이에서 국민가방이라고 불려질 만큼 누구나 하나씩은 가지고 있는 게 명품이다. 그런데 이런 명품이라는 이름을 가지고 있는 업체 사이에도 수준이 있다고 한다. 어떤 제품은 명품 중에서도 별로 알아주지 않는 제품이고 어떤 제품은 그래도 괜찮다는 평가를 받는다는 것이다. 이렇게 명품도 등급이 있는 것으로 평가되는 데는 가격적인 요인도 있겠지만 영업 방법에 차이가 있기 때문이다. 보통 업체에서는 영업이 잘 안된다고 하면 일단 가격을 내리는 정책을 가장 먼저 사용하려고 한다.

하지만 명품이라는 반열에 올라있는 제품의 경우 팔리지 않아 가격 할인을 하는 행동은 자신들의 브랜드 가치를 깎아 내리는 일이다. 가격할인을 안 하는 매장과 가격할인을 하는 매장의 차이점은 고가 제품의 경우에는 상대적으로 더 큰 차이를 만들어 내는 요인이 된다. 국내에서 어떤 경우라도 아울렛매장을 운영하지 않고 가격세일이라는 것도 없는 명품 브랜드 중 하나가 최고 인기를 자랑하고 있고 이 브랜드는 국내뿐 아니라 국외에서도 가장 많은 판매량을 자랑한다는 것만 봐도 그 작은 차이점을 통한 브랜드 가치를 꾸준히 지켜온 결과라고 할 수 있겠다. 그 브랜드의 가격이 저렴해서 그런가 생각할 수도 있겠지만 제품 가격의 경우에도 명품 가운데 중상에 속하는 가격대를 가지고 있다고 하니 가격이 저렴해서 많이 판매되는 건 아닌 거 같다. 결국 노세일 브랜드라는 이미지와 그렇기 때문에 신뢰할 수 있는 브랜드라는 가치의 상승으로 이런 일이 가능한 것이라고 볼 수 있다.

한번은 백화점을 방문했다가 L매장 앞을 지나가는데 사람들이 줄을 서서 기다리는 모습을 보기 기가 막힌 적이 있다. 가방하나에 수백 만 원 하는 제품을 사기 위해서 사람들이 줄을 서 있다는 게 요즘 같은 불경기에 다른 나라 모습처럼 생각되었기 때문이다. 하지만 정말 열심히 일해서 아내에게 또는 애인들에게 한번 이런 선물을 해주고자 하는 사람들을 나쁘게 말하고 싶지는 않다. 그냥 왜 줄을 서서 기다리는가가 더 궁금했을 뿐이다.

입구 직원에게 매장에 왜 안 들여보내느냐고 묻자 그 직원은 "현재 매장 안에 고객님들이 많아 더 이상 매장으로 들어올 경우 서로 쇼핑에 불편함이 있으실 거 같아 통제를 할 수밖에 없습니다."라고 말했다.

정말 부러울 따름이다. 단순히 장사가 잘 돼서 부럽다는 게 아니라 수백만 원 하는 제품을 사기 위해 줄을 서서 기다리는 모습도 부럽지만 고객들이 자기 돈 내고 제품을 구입하는 건데도 매장에도 들어가지 못하고 기다리면서 표정이 밝은걸 보니(당연히 그 비싼 제품 선물 받는 건데 표정이 밝겠지만) 그렇게 고객들을 만들 수 있다는 그 브랜드 파워에 그냥 부럽다는 것이다.

국내에서도 노세일 브랜드로 이미지를 만들던 브랜드가 있었다. 하지만 그 마케팅 전략은 얼마가지 못해서 일 년에 한두 번 가격세일을 하고 아울렛 매장도 운영하면서 의미가 없어져 버렸다. 재고처리를 위해 어쩔 수 없는 일이라고는 하지만 세계 일류 브랜드를 꿈꾸며 시작했던 거대한 프로젝트가 재고 처리 등의 문제로 그냥 없어져 버리는 게 아쉬울 따름이다. 이런 분위기에서 진정한 명품으로 인정받는 국내 브랜드가 몇 개나 살아남을까라는 생각이 들어서 더 그렇기도 하다. 최고는 많이 판매하는 것도 중요하지만 그 가치를 사람들로부터 인정받는 것도 중요하다가 생각하기에 국내 브랜드도 세계 최고의 명품으로 대우받는 그런 제품들이 더 많이 나오길 바라는 마음이다. 하나의 작은 결정이 기업전체의 이미지를 좌우할 수 있는 게 요즘 세상이다. 남들과 뭔가 다른 걸 제공하지 못하면 그냥 그런 기업이라는 이미지 밖에 되지 않는다는 걸 알아야 한다.

Episode 19

어떤 판매 영업인의 24시

- 공동체 생활을 하면서 가장 궁금한 것 중 하나가 남들은 어떻게 살까라는 것이다. 자기 살기도 바쁜데 남들 신경 쓸 틈이 어디 있냐고 할 수도 있겠지만 그래도 남들은 어떻게 사는가를 궁금해 하는 것은 어쩔 수 없는가 보다. 그렇다고 관음증 같은 변태스러움으로 인해 그런 것은 아니다. -

사람은 누구나 남들보다 낫다는 평가를 받고 싶어 한다. 똑같은 일을 해도 남보다 못하다는 소리나 눈길을 받는다면 그것처럼 서글픈 일이 없다. 그래서 생각하는 게 저 사람과 내가 뭐가 다른 데라는 자기 자신에 대한 질문이다. 그 '뭐가 다른데' 라는 궁금증에서 시작하는 게 벤치마킹이다. 상대방과 내가 어떤 점에서 차이가 있고 저 사람의 장점은 무엇이고 내가 어떻게 해야 저 사람처럼 잘할까 또는 저 사람보다 더 앞에 설까를 면밀히 조사하는 것이다.

그렇다면 직접 영업현장으로 가서 직접 벤치마킹을 하는 게 가장 좋겠지만 만약 영업인의 표준이라는 것이 제시 가능하다면 편안하게 자신과 영업인의 표준이 어떻게 다른지 쉽게 비교해 볼 수 있을 것이다. 그래서 여기 우리나라 영업의 중간 정도 하는 영업인들의 객관적인 기준을 제시해 보겠다. 쉽게 이해할 수 있게 하기 위해 표준의 제시를 실제 한 영업인의 하루를 살펴보는 것으로 하겠다.

올해로 영업 3년차인 A사원은 아침 7시에 잠에서 깨어난다. 아침밥을 먹는 둥 마는 둥 서둘러 집에서 나와 40분 정도 지하철을 타고 자신이 일하는 장소로 이동한다. 처음에는 자가용을 이용해서 출퇴근을 했지만 차가 막히면 1시간 이상 걸리는 것도 싫었고 아침에 무료로 나눠주는 무가지를 읽기에도 지하철이 편해서 지하철로 이동한다. 지하철을 타면 입구 쪽 문에 최대한 붙어서 무가지를 읽으면 직장으로 이동한다. 보통 회사에 도착하는 시간은 8시 30분. A는 전날 자신이 한일에 대해서 다시 체크를 하고 혹시 잘못 처리되거나 다시 처리해야 할 일이 없는지를 체크한다. 그리고 9시부터 전체 직원 회의에 들어간다. 그날 처리해야 할 업무를 분장하고 새로운 판매 방법이나 사례 등에 대해서 한 시간 가량 회의를 한다. 이 자리를 A는 정말 소중하게 생각한다. 다른 팀원들과의 생산적 대화를 즐기기에는 이만큼 좋은 자리가 없기 때문이다. 자신이 미처 생각하지 못했던 좋은 아이디어들이 나오면 바로 적용하기 위해서 메모한다. 그리고 10시부터 본격적으로 고객을 맞이하기 위해서 매장 정리를 한다. 자기가 맞은 코너를 깨끗하게 정리하고 제품 시연을 위한 준비까지 마치고 10시 30분 매장의 문을 연다. A는 첫 번째 고객 맞이 인사를 위해 매장 입구로 이동해서 고객이 매장으로 접근하면 매장 문을 열고 밝은 표정으로 고객과 인사를 나눈다. 그리고는 어떤 제품을 보러 왔는지 고객과 대화를 통해 정보를 얻고 해당 코너 쪽으로 고객을 안내한다. 자신의 전문 판매 분야가 아닌 제품에 대해서는 전문 상담사를 통해 상담을 받는 게 가장 좋다는 말과 함께 고객을 전문상담사와 인사를 시킨다. 그러다가 자신의 맡은 파트에 오신 고객과는 여유로운 상담을 통해 제품 판매에 성공한다. 그렇게 보통 오전을 보내고 점심을 30분 정도 먹고 매장으로 와서 양치 등 본인 위생관리를 하고 오후 장사를 위해 준비한다.

오후도 오전과 비슷한 시간을 보낸다. 그런데 고객의 내방이 뜸한 시간에는 제품 재고나 금일 판매 목표와 진척도를 파악하고 동료들과 더 힘내자는 뜻에서 파이팅을 외치는 등 사기를 높이기 위한 퍼포먼스를 한다. 오후 장사를 마치는 시간은 보통 저녁 9시. 매장의 문을 닫고 그날 판매한 제품의 배송이나 결재 문제 등 잔무를 처리하고 매장을 나서면 10시쯤. 가끔은 진열 교체나 매장 정리를 위해 12시 넘겨 퇴근하는 경우도 있다. 일반적으로 10시에 퇴근하고 집에 도착해서 씻고 나면 11시. 저녁식사 시간이 별로 없는 관계로 식사를 못해서 배가 고프지만 그 시간에 밥을 먹기가 다소 부담스러워서 그냥 끼니를 건너뛰는 게 다반사다. 그러고는 인터넷을 통해 자신이 판매하는 제품들에 대한 최신 이슈 등을 조사하고 자기가 판매하는 신제품과 경쟁사 신제품등에 대한 고객들의 반응 등을 스크랩한다. 이렇게 하고 보통 잠드는 시간은 새벽 1시. 수면시간은 보통 6시간이다.

근무시간을 보면 12시간 그 가운데 서 있는 시간은 9시간 남짓. 다리가 아플 만도 한데 처음 보름 정도 그렇지 그 다음부터는 다리가 적응을 한다. 오히려 앉는 거보다 서 있는 게 편할 때도 있다. 이런 생활을 일주일에

6일 그렇게 3년. 그래도 주위로부터 중간은 간다는 평가를 받으니 나쁘지는 않지만 좀 더 자신을 발전시킬 수 있는 뭔가를 찾기 위해 노력하며 산다는 데 자기만족을 하며 산다. 이게 한 영업사원의 실제 모습이다. 중간 중간 회식이나 다른 업무가 있기도 하지만 그런 특수한 상황이 아니면 보통 이렇게 지낸다. 판매영업을 하는 사원의 예인데 이것보다 더한 하루를 보낸 영업인들도 많을 것이다. 그런데 이 사원의 경우가 KS(한국표준)라는 말을 믿겠는가? 대부분 사람들이 이건 표준이 아니라 그보다 월등히 나은 것 아니냐고 물을 것이다. 하지만 표준이다.

내가 지켜본 영업사원들 가운데는 이보다 더한 사람들도 정말 많았다. 아침 7시면 출근해서 남들보다 한발 앞서 시작하는 사람들이나 6시 반에 시작하는 외국어 강의를 듣기 위해 3~4시간을 자며 고등학생보다 더한 생활을 하고 있는 영업인도 봤고, 입사 후 9개월 동안 단 하루도 쉬지 않고(휴일이나 휴가 없이 주 7일 근무) 매장에 나와 장사를 하는 이해할 수 없는 행동을 하는 사람들도 많이 봤다. 잠깐 자리를 비우지 않기 위해 근본 욕구인 생리현상도 참고 또 참아가며 일하는 사람이나 밥을 하루에 아침 한 끼를 먹고 근무하는 영업인 등 정말 어떻게 보면 인간의 기본 권리조차 포기하고 살아가는 사람들을 보고 있다. 가끔은 그렇게들 살아가는 모습들을 보며 혼자 눈물 짓기도 하고 그렇게까지 하면서 뭘 얻으려는가 하는 의문이 들기는 하지만 자기가 가지고 있는 인생 목표를 위해 지금 하는 노력은 결코 힘들거나 짜증나는 일이 아니라 목표에 서서히 다가가는 하나의 절차라는 말을 듣고 그들이 하나씩 하나씩 올라가는 모습을 볼 때면 이게 영업인으로서의 즐거움이자 그 무엇으로도 표현하기 힘든 행복의 절정이라는 생각을 하며 영업인들의 멋진 삶에 같이할 수 있다는 고마움을 느낀다.

Episode 20

넘치는 건 괜찮지만 모자라서는 안 된다

- '넘치는 것보다 모자란 게 낫다' 라는 말이 있다. 항상 얼마 정도의 여유를 두고 살라는 의미에서는 맞는 말이라고 할 수 있다. 하지만 물 항아리에 물을 채울 때 넘친다는 것은 다 채웠다는 의미지만 모자란다는 것은 덜 채워졌다는 말이니 이럴 때는 맞는 말이 아닐 수도 있다. -

사람은 살면서 여유가 있는 게 중요하다. 천천히 자신의 행동을 돌아보고 반성하고 그 반성을 다시 발전의 에너지로 변화시키기 위해서 여유는 정말 중요하다. 항상 바쁘다 보면 생각이 순간순간을 처리하는 데 지치다 보니 장기적인 관점에서 문제를 정확하게 바라보기가 힘들어지고 임기응변으로 그때그때를 넘기는 삶을 살게 된다. 그래서 휴일이 있고 휴가가 있지만, 휴일이나 휴가도 싱글로 살 때는 그나마 편안한 시간이지만 결혼이라는 굴레로 들어오고 아이까지 생기면 휴가가 휴가가 아니라는 말들이 나오고 오히려 출근하는 게 더 편하다는 사람들도 많다. 그래서 이런 사람들에게는 잠들기 직전이나 혼자 출퇴근하는 자투리 시간이 여유를 즐기기에는 좋은 시간이다. 차만 안 막히고 지하철이나 버스에서 앉아서 편안하게 간다면 말이다. 그렇기에 가끔 안식년이라는 명목으로 장기 휴가를 부여하는 아주 좋은 회사들을 보면 정말 생각이 깨어 있는 회사라는 생각을 하게 된다.

그렇다면 여유가 없으면 어떻게 되는가? 업무를 볼 때 여유가 없으면 실수가 많아지고 오히려 한 번에 처리할 수 있는 일을 두세 번 해야 하는 문제가 생긴다. 또한 주식투자를 해본 사람이라면 알겠지만 주식투자처럼 돈이 오가는 상황에서는 특히 여유가 없이 초조하게 달려들면 결국 냉혹한 시장에서 낙오자가 될 수밖에 없다는 걸 다들 잘 알 것이다. 그만큼 여유라는 게 중요하다는 것이다. 하지만 이런 여유가 오히려 독으로 작용할 때가 있다. 여유 있게 일처리 한다는 말을 나쁜 쪽으로 해석한다면 아무 생각 없이 느리게 일처리 한다는 말로도 해석된다.

그럼 여유란 어떨 때 유용하고 여유가 있어서는 안 되는 상황은 어떤 것인지 알아보자.

먼저 여유라는 개념을 좋은 쪽으로 활용해서 효과를 제대로 본 회사가 있다. 영업현장은 항상 치열하고 팽팽한 긴장의 연속이라는 생각할 것이다. 하지만 그 가운데서도 A사의 경우 영업사원들이 여유를 즐기면서 일을 하고 있다. 왜냐면 A사의 영업사원들의 경우 자신의 일 목표에 해당되는 수치를 달성하면 나머지 시간은 마음대로 사용해도 된다는 회사 내규가 있기 때문이다. 이 제도를 도입하고 나서 영업사원들은 처음에는 설마 회사가 정말 그렇게 하겠어 하고 생각하고 회사의 정책을 잘 믿지 않았다.

혹여 그렇게 했다가 괜히 찍히면 앞날이 피곤하다는 생각이 들었기 때문이다. 하지만 한두 명 목표를 달성하고 퇴근하는 직원들이 생겨나고 그런 행동에 대해서 아무런 제재도 없는 걸 확인하자 나머지 직원들도 목표를 빨리 달성하고 자신들만의 여유로운 시간을 즐기기 시작했다. 그 다음 A사가 도입한 것은 만약 가능하다면 집에서 일처리를 해도 좋다, 다만 결과만 제대로 나오면 그것에 대해서 책임을 묻지 않는다는 재택근무 가능으로 범위를 넓혀갔고 사원들은 자신들이 다니는 회사에 대한 만족도가 높아져서 이직이 줄어들었고 외부에서 보기에도 회사 자체가 여유로운 곳이라는 인식으로 A사를 선망의 대상으로 삼는 사람들이 많아지기 시작했다. 좀처럼 내리기 힘든 결정으로 인해 A사는 목표 달성률과 직원들의 사기진작, 그리고 회사 이미지 강화라는 여러 가지 이득을 본 셈이다. 하지만 실제 영업현장에서는 A사의 경우는 정말 하나 있을까 말까 하는 사례다.

영업시장은 치열한 경쟁시장이다. 그래서 목표를 달성했다고 해서 조기퇴근을 하거나 휴무를 부여한다고 실제로 목표만 달성하고 집으로 달려갈 사람은 없다는 것이다. 항상 목표는 최소한이라는 말로 대신한다. 어떤 회사든 목표라는 수치는 다소 높게 잡기도 하지만 달성하기 너무 힘든 정도의 수치를 목표로 삼지도 않는다. 그렇기 때문에 한번 목표를 달성하면 다음에는 그 이상의 목표가 주어지고 또 달성하면 그 다음에 목표가 다시 수정되기 때문에 A사와 같이 직원들이 여유롭기가 힘들다. 회사가 목표를 올리지 않더라도 고맙게도 영업사원들 자신이 남들보다 더 나아가기 위해 여유와 인정 욕구를 바꾸기 때문이라도 A사의 경우는 영업시장에서는 거의 없는 것이라고 보면 된다. 남들보다 뭔가 더 나아야지만 살아남을 수 있다는 생각은 하나의 강박관념이라고 할 수도 있겠지만 영업시장에서는 그 논리가 절대적으로 맞기 때문이다. 남들이 하나할 때 두 개하고 두 개하면 세 개하고 이런 식의 경쟁이 영업시장을 뜨겁게 달구고 그 곳에서 앞서가는 사람들이 남들보다 더 높은 자리로 빨리 이동하기 때문에 어쩔 수 없는 노릇이다. 또한 단순하게 자리를 이동하는 것 외에도 일정 목표 이상을 달성하면 회사들이 목표달성에 대한 보답을 하기 때문에 결국 영업시장에서 여유를 돈과 명예와 바꾸는 일이 평범한 일이 되는 것이다.

그렇다면 정말 영업시장이 이렇게 치열하기만 할까? 전혀 그렇지 않다. 이렇게 치열한 시장은 영업시장 중에서 정말 프로라고 인정받는 상위 20~30%의 사람들이나 할 수 있는 이야기고 대부분의 영업사원들은 삶이 그렇게 치열하지 않은 모습을 볼 수 있다. 돈을 버는 행위를 하는 데 치열하지 않은 건 없다고 말을 하겠지만 조금만 냉철하게 바라보면 보면 돈을 버는 행위를 그렇게 진지하게 생각하지 않는 사람들도 많다는 게 문제다. 영업사원들을 만나서 면담을 하고 컨설팅을 할 때 무조건 물어보는 질문이 현재 받는 급여 수준이 어느 정도이냐는 질문이다. 그리고 지금 받고 있는 급여에 대해서 만족하느냐는 질문도 이어서 한다. 그러면 응답자의 70%는 불만족스럽다는 표현을 하고 나머지 20%는 적절하다는 말을, 그리고 10%는 일하는 것보다 급여가 많은 거 같다는 말을 한다. 즉 영업 프로의 시장에서 일하는 사람들의 경우 대부분 적절하다거나 급여가 많다는 표현을 주로 하고 오히려 평범한 영업사원들의 경우 불만족하다는 표현을 하는 것이다.

영업프로들이 받는 급여가 많아서 그런가라고 생각할 수도 있겠지만 면밀히 살펴보면 그들은 그들이 받는 돈만큼의 일은 충분히 하는 사람들이다. 오히려 불만족하다는 응답자의 근무태도를 보면 현재 200만 원의 급여를 받는 사람이 하는 일은 100만 원에도 못 미치는 경우도 많다. 단순하게 비교를 해보자. 별 기술이 없는 사람이 하루 인력사무소를 통해 하루 종일 허드렛일을 하면 보통 받는 급여가 3만~5만원이다. 한 달 30일 일할 수 있다고 하면 150만 원의 급여를 받는 것이다. 연봉으로 계산하면 1800만 원이다. 즉 일 년 365일 하루도 안 쉬고 힘든 육체노동을 하면 1800만 원을 벌게 된다는 것이다. 그런데 별다른 기술 없이 하루 근무시간 8시간을 근무하고 그중에 한두 시간은 개인적인 일이나 직장동료와의 수다로 보내고 한두 시간은 그냥 회의석상에 아무런 생각 없이 앉아 있다면 이 사람에게는 얼마의 급여를 줘야 하는가? 본인 머릿속에 맴도는 숫자를 생각해보라. 그렇다고 사무직에 대해 또는 전문직에 대해서 고급인력이라는 점을 인정하지 않겠다는 게 아니다. 하는 일이 워낙 중대해 한 건만 성사시켜도 몇 억 또는 몇 십억씩 오가는 거래를 하는데 급여를 많이 받는 거야 그동안 그 사람이 열심히 공부하고 노력한 대가로 당연하다고 생각한다.

하지만 문제는 얼마나 일을 하면 어느 정도의 보상을 받아야 하는가를 객관적으로 판단해야 한다는 것이다. 컨설팅을 하면서 이 객관화 과정을 상대방에게 이해시키는 게 가장 힘들다. 컨설팅 업무 중에 현재 받는 급여에 대한 타당성을 설명 해주는 시간이 있다. 이 과정에서 본인이 받는 급여보다 적은 급여를 받아야 한다고 설명하면 다들 크게 반발은 하지 않는다. 그런데 반발하지 않는 이유가 해당 내용을 인정해서 컨설팅 내용에 수긍한다는 게 아니라 대부분 그런 말도 안 되는 결과는 절대 믿지 않기 때문에 반발할 가치조차 없어서 그렇다. 그런데 그런 결정을 내린 이유를 하나씩 세밀하게 말해주기 시작하면 얼굴색들이 다소 붉게 물드는 경우가 많다. 영업시장에서 항상 명심해야 할 것이 있다면 자신이 받는 돈보다 자신이 하는 일이 넘치는 건 상관없지만 모자라면 안 된다는 것이다.

그럼 어떻게 객관화시킬 것인가? 한 보습학원에서 근무하는 강사를 컨설팅 했던 때를 예를 들어 알아보자. A보습학원의 강사는 현재 자신이 받는 급여에 대해서 불만족스럽다는 말을 한다. 그 강사가 자신의 급여가 작다고 생각하는 이유는 자신이 가르치는 학생의 학원비를 계산해보면 600만 원인데 자신이 받는 급여는 200만 원이라는 것이다. 그렇기 때문에 학원을 옮길까 생각 중이라고 한다.

이 예를 보고 대부분은 강사가 이상하다고 생각할 것이다. 왜 학원생들이 학원의 인지도를 보고 온다는 생각은 못하는지, 학원 운영비에 대한 생각은 못하는지, 그리고 자신이 근무할 수 있는 직장이 있다는 가치는 인식하지 못하는지에 대해서 안타깝게 생각할 것이다. 그렇지만 실제 자신이 일하고 있는 모습을 보라. 남이 하는 것은 잘 보이지만 자신이 그 위치에 있으면 이 강사랑 같은 생각을 할 수밖에 없는 상황이 될 수도 있다.

그렇다면 이 강사가 받아야 하는 합리적인 급여는 얼마나 될까? 컨설팅 방식을 도입해 보면 매출에 대한 원가가 없으므로 일단 600만 원을 순수 매출로 본다(판매 물품에 원가가 있다면 그 원가를 제외한 금액으로 매출을 계산한다). 그런데 홍보 등을 통한 학원 인지도나 학원장의 상담능력, 학원건물임대료와 운영비, 학원 발전을 위한 예비금 등을 감안하면 보편적으로 자신이 발생시키는 매출의 60%(상황에 따라 조금 다르기는 하지만 보통 60~70%)는 자신이 하는 매출이 아니라고 본다.

그렇다면 600만 원의 60%니 360만 원은 강사가 자신의 능력으로 발생하는 급여로 보기 어렵다. 그래서 240만 원이 현재 강사가 받아야 되는 적정 급여라고 보는 것이다. 하지만 240만 원의 경우에도 1년 동안 동일하게 매달 600만 원 이상의 수입을 올릴 수 있는 학원생이 있어야 된다는 것인데 만약 그렇지 않고 600만 원이 가장 높은 수치라면 매달 200만 원의 급여도 많을 수 있다는 것도 생각해야 한다. 그리고 보통 사람들과 일을 열심히 잘한다는 소리를 듣는 사람들의 급여에 대한 생각을 보면 일을 잘한다는 소리를 듣는 사람들의 경우에는 자기 자신이 생각하고 있는 자신의 일하는 가치에 대해 돈으로 환산할 때는 보통 20% 정도 가치를 낮춰서 생각한다는 특징을 가지고 있다. 예컨대 200만 원 정도 일을 한다고 파악되는 사람들의 경우 정작 본인들은 자신들이 160만 원에 해당하는 일을 한다고 생각한다는 것이다. 그래서 항상 나머지 20%를 더 일해야지 자기가 받는 급여와 일이 같아진다고 생각하기 때문에 일의 능률이 항상 다른 사람들보다 높은 것이다.

이런 생각은 고용주의 입장에서도 비슷하다. 영업사원이 200만 원에 해당되는 일을 하고 200만 원을 가져간다면 엄밀하게 말하면 합리적인 것이지만 고용주의 입장에서는 쉽게 용납되지 않는다는 말이다. 자기가 하는 일만큼 맞게 가져간다면 그 사람 대신 다른 사람을 써도 비슷한 결과를 얻을 수 있을 거라 생각하기 때문이다. 그러므로 항상 자신이 받고 있는 급여보다 20%는 더 일한다는 생각으로 생활해야 한다. 반대로 자신이 하고 있는 일이 300만 원 정도인데 200만 원을 받는 상황처럼 일이 급여의 30%

를 초과한다면 연봉협상이나 다른 방법을 통해서 자신의 가치에 대한 재고를 회사에 요청해야 한다. 그래도 받아들여지지 않으면 그때는 이직을 생각할 수도 있는 문제다.

지금 당장 자신이 하고 있는 일을 최대한 객관적으로 파악해서 얼마나 급여를 받아야 하는지 계산해 보자. 그리고 그 금액에서 20%를 빼고 자신의 실제 받는 급여와 비교해보자. 그 결과에 대한 부등호가 부디 자신이 하는 일이 더 많다는 쪽으로 나오길 바란다.

Episode 21

영웅은 만들어지는 것이다?

- 시대가 영웅을 만든다는 말이 있다. 아무리 본인 능력이 뛰어나도 시대를 잘 못 타고나면 영웅이 될 수 없다는 말이기도 하다. 하지만 진정한 영웅은 자신의 능력으로 시대를 변경시킬 수 있는 힘을 가진 사람들이다. -

개인이나 국가나 수입과 지출을 잘 관리하는 게 참 중요한 일이다. 자신의 수입보다 지출이 많아서 카드 등을 이용해 빚을 내고 사는 사람들도 상당히 많다. 직장인의 얼마정도는 카드 빚 때문에 못 그만둔다는 농담도 심심치 않게 하는 걸 주위에서 많이 들어 봤을 것이다. 이런 결과는 수입과 지출에 대한 관리를 제대로 못한 결과로 생기는 것이다. 이렇게 금전적으로 수익과 지출을 확실하게 할 수 있으면 돈을 벌거나 관리하는 데 능력이 있고 없음을 명확하게 알 수 있지만, 가끔 영업시장에서는 가치를 명확하게 구분하기 어려운 일들도 있다. 왜냐면 누가 봐도 정말 대단하다고 영업시장에서 영웅으로 인정받는 사람들을 조금만 더 안을 들여다보면 만들어진 영웅들이 가끔 있기 때문이다. 이렇게 만들어지는 영웅이 과연 나쁜 것일까?

A점의 지점장은 유통시장에서는 알아주는 선수 중의 선수다. 이 계통에서 일하는 사람들의 경우에는 사례 전파를 통해 A점장의 이야기를 한번쯤은 들어봤다고 말한다. 개인적으로 그 점장을 별로 좋아하지 않는다. 물론 영업에 대한 생각이나 직원들에 대한 관리 노하우는 뛰어나다는걸 인정한다. 하지만 A점장의 경우 전쟁터의 장수로 따지면 지장이기는 하지만 덕장이라고 말할 수 없기 때문에 개인적으로 지장이나 용장보다는 덕장을 더 좋아하는 단순한 이유에서 그렇다는 것이다. 개인적으로 조금 아쉽다고 생각하는 부분을 빼고는 회사의 모든 승진 룰을 깨고 초고속 승진과 최고의 영업매출을 기록하며 승승장구하고 있다. 지금은 유통판매계열 1조 이상의 판매 매출을 올리는 회사의 높은 위치에 올라있다. 평직원부터 시작해서 10년도 안 되는 시간에 그 자리에 오를 수 있는 사람들이 과연 얼마나 될까를 생각한다면 기적 같은 성과라고 할 수 있다. 이런 놀라운 성과 뒤에는 A점장을 시기하는 사람들의 조롱도 이어진다. 바로 만들어진 영웅이라는 것이다. 우연찮게도 A점장이 몇 년 동안 매장을 옮기는 시기가 하필이면 옮겨 갈 매장 주변에 아파트가 대규모로 들어온다든지 매장이 리뉴얼을 하면서 몇 백 평으로 늘어난다든지 하는 일들이 생기니 이런 만들이 나오기 시작하는 것이다. 사실 영업시장에서 누군가 영웅은 필요하다. 남들과 평가해서 다른 사람들의 영업능률을 올리는 방법이 아직도 많이 사용되기 때문에 누군가 이런 영웅의 역할을 할 사람이 필요하고 A점장이 그런 케이스로 선택되었기 때문에 가능했다는 이야기다. 물론 A점장을 시

기하는 사람들의 말도 이해가 되기는 한다. 하지만 객관적으로 본다면 A 점장의 능력이 그를 비판하는 사람들보다는 월등히 높다는 것도 알아야 한다. 단순하게 매장이 넓어진다거나 상권이 좋아진다거나 해서 다들 장사를 잘한다면 다른 능력 없이 매장 위치만 잘 잡으면 성공한다는 논리가 적용되기 때문에 그렇지는 않다는 걸 말하고 싶은 것이다. 물론 어느 정도 만들어진 영웅인거처럼 보일 수는 있지만 그것도 가능한 사람에게나 주어지는 기회지 그렇지 않은 사람들에게는 그런 기회도 없다는 것이다. A점장의 사례 뿐 아니라 대부분의 영업시장에서는 만들어지든 아니든 영웅이 필요하고 그 영웅으로 인해 전체 매출이 향상된다면 만들어서라도 탄생시키는 게 필요하다고 할 수 있다.

그렇다면 이런 영웅을 만들어 내는 게 무조건 좋다는 것일까? 그렇지는 않다.

언론 영업에 대해서 한번 이야기를 해보자. 겉으로 보기에는 언론고시를 통과한 사람들이 만들어내는 동경의 대상이 되는 직장이지만 엄연히 이곳도 치열한 경쟁 속에 놓여 있는 영업장이다. 언론 시장에 확대되면서 이런 치열한 경쟁은 점점 더 심해지는데 그러다 보니 뉴스를 보면 거의 비슷한 뉴스를 동시에 3-4개 채널에서 볼 수 있고, 예능프로그램을 보나 드라마를 봐도 거의 비슷한 형식에 비슷한 이야기들을 몇 년째 이어가고 있다. 예능 프로그램 같은 경우에는 언제부턴가 여러 명이 동시에 나와서 리얼버라이어티라는 말을 사용하며 웃고 떠든다. 거의 모든 예능 프로그램의 유형이 거의 비슷비슷하다. 그런 형식이 유행이라면 그냥 유행 따라 하는 거라고 생각할 수도 있지만 지켜보는 입장에서는 어떻게 보면 전파낭비라고 생각할 수도 있는 것이다. 특히 유선방송이나 인터넷 등을 통해서 같은 내용을 몇 번을 반복해서 보여주거나 해당 내용을 기사화하는 모습들을 보면 정말 할 게 없는가 보구나 하는 측은한 생각이 들기도 한다. 드라마는 예능프로보다 더하다. 나오는 사람들만 다를 뿐 몇 년 전에 봤던 내용 그대로다. 버림받고 복수하는 복수극부터, 사극의 내용도 주인공만 다르지 시련을 겪고 성공한다는 내용은 항상 마찬가지다. 배우들의 연기를 보는 거지 드라마 상의 스토리를 보는 것이 아니다. 가끔은 새로운 시도를 하는 드라마도 있지만 주인공들의 직업만 다를 뿐이지 서로 엮이는 관계 구성은 항상 똑같다. 그나마 다큐멘터리 같은 경우에는 다양한 내용들이 시도된다는 점에서 전파료가 그나마 덜 아깝다고 생각하지만 유감스럽게도 다큐멘터리가 크게 성공하는 경우는 없다는 것이 아쉽다.

신문이나 잡지도 마찬가지다. 경쟁이 워낙 치열하다 보니 누가 먼저라고 할 것도 없이 좀 더 자극적인 문구를 남발하고 기사의 내용들도 많이 팔기 위한 내용들로 변질된다는 점이 문제다. 특히 각 언론들의 스포츠 스타의 영웅 만들기는 예전부터 항상 사용되는 경우지만 볼 때마다 좋지 않은 영업 전략이라는 생각이 든다. 올림픽이나 월드컵 또는 세계 선수권대회 등 다양한 대회에서 국가의 위상을 높이거나 국민들에게 힘이 되어주는 스포츠영웅들에 대해서 나쁘게 말하는 사람은 아무도 없을 것이다.

하지만 너무 지나치게 언론이 한 선수를 스타로 만들기 위해 영웅화 작업을 한다면, 한 선수의 스포츠에 대한 순수한 열의가 변질되어 단지 돈벌이를 위해 운동을 하는 것으로 취급받게 될 수 도 있다는 걸 생각해야 한다. 물론 스포츠에 대한 뉴스는 계속해서 만들어 내야하고 시장을 확대시켜 나가기 위해서 스포츠스타를 만들 수밖에 없다는 영업 전략은 이해는 된다. 그래서 어느 순간 언론은 지속적으로 축구선수에서 야구선수로 수영선수를 거쳐 스케이팅까지 누군가를 치켜세우면서 영웅을 만들고 있다. 이런 영웅 만들기는 그 선수의 뛰어난 기량이 있기에 어느 정도 가능하겠지만 언론이 그렇게 보이게 포장한 부분에 대해서도 부정할 수는 없다. 언론에서 말하는 어려운 시기에 희망을 주기 위해 그 선수들을 영웅으로 만들어 많은 사람들이 느끼는 행복감을 극대화하기 위해 그렇게 하겠다는데 뭐가 잘못이란 말인가?

하지만 문제는 조금이라도 성적이 좋지 않으면 영웅을 너무 쉽게 버리고 다른 영웅을 만들기 위해 발버둥치는 모습이 아쉽다는 것이다. 또한 공공연히 한 선수를 영웅으로 만들면 또 다른 문제가 발생 한다는 것도 생각해야 한다. 영웅이 된 한명을 제외한 다른 모든 선수들이 빛을 받지 못한다는 것이다. 예를 들어 피겨스케이팅 하는 국내 여자 선수의 이름을 세 명만 말해보라고 하면 대답할 수 있는 사람이 몇 명이나 될 것인가? 아무 대부분은 대답을 못할 것이다. 언론에서 한 사람을 영웅으로 만들기 위해서 나머지는 그냥 없는 세상처럼 만들어 버리고 고객들은 그냥 언론에서 말하는 내용만 생각하기 때문에 그렇다는 것이다. 이런 부분은 예능 쪽에서도 마찬가지도 대표적인 연예인 한두 명을 대단한 위치에 높고 영웅을 만들면서 라인을 구성하고 몇 명 안 되는 사람들이 대부분의 프로그램을 차지하고 있고 그런 문제로 인해 다른 연예인들이 설 자리가 없어지는 행태를 볼 때 영웅 만들기가 전체를 위해서는 필요할지 모르지만 하나하나의 사람들을 볼 때는 그렇지도 않다는 걸 알아야 한다.

영업시장에서 영웅 만들기는 잘 쓰면 정말 인생의 목표를 정하는 롤 모델로 만들어서 다른 사람들의 능률을 높이는 역할을 하지만 잘못 쓰면 고질적인 조작 영업의 표상으로 전락할 수 있다는 것을 염두하고 행동해야 한다.

Episode 22

올라가려 할 뿐 내려오려 하지 않는다

- 산을 오르는 사람들은 산 위에서 무엇과도 바꿀 수 없는 자유라는 느낌의 성취감을 맛본다고 한다. 하지만 산을 싫어하는 사람들에게는 아무리 이야기해도 왜 쓸데없이 힘들게 산에 오르느냐고 반문할 뿐이다. 하지만 산에 올라가본 사람들은 그 맛에 중독되어 계속해서 오르려고 한다. -

TV나 인터넷 등에 각종 맛집을 소개하는 프로그램이 있다. 대부분의 사람들은 방송에서 편집을 얼마나 잘했는지 보고만 있어도 식욕을 주체할 수 없을 정도로 맛있게 느낀다. 가끔 맛집 소개에서 집과 가까운 곳이 소개되면 직접 찾아가서 먹어보는 편이다. 물론 기대했던 만큼의 만족감을 느끼기란 쉽지 않다. 입맛 이라는 것이 어느 정도까지는 비슷비슷해서 '맛이 괜찮네' 정도는 대부분 같은 인정하지만 '정말 맛있네' 라는 극찬의 표현을 사용하는 것은 미묘한 입맛의 차이로 인해 잘 하지 않는다. 식욕이 인간이 가지는 절대적인 욕구고 어차피 욕구를 충족시키기 위해 맛있는 것을 찾아다니는 것을 즐기는 사람들이 있는 반면, 어떤 사람들의 경우에는 이렇게 맛집을 찾아다니면서 음식을 즐기는 미식가들을 음식을 즐기는 사람들이 아니라 음식을 탐하는 쓸데없는 돈질을 하는 사람들로 치부하기도 한다. 이 문제는 누가 맞다고 이야기할 수 있는 것이 아닌 것 같다. 하지만 이런 문제는 한 가지 생각해봐야 할 질문을 던져준다. 바로 경험이라는 질문인데 살아가면서 좋든 안 좋든 어떤 것을 경험한다는 것은 새로운 결정을 내리는 데 너무나 중요하다.

예를 들어 자동차 이야기를 해보자. 대부분 사람들이 자동차를 구입할 때 하는 이야기가 있다. 처음 구입하는 사람들의 경우는 자신의 수준에 맞는 자동차를 구입하지만 한번 자동차를 구입하고 나서 재구매할 때는 전에 타던 자동차와 동급이거나 윗 단계의 자동차만 고집하게 된다는 것이다. 이 말은 경험으로 인해 성립된다.

주위 아는 지인 중에 경차를 선호하는 A씨가 있었다. 안정성 문제 등에 대해 아무리 이 사람에게 이야기를 해도 경제성의 논리에 의해 무조건 경차가 좋다고 말하던 사람이다. 처음 자동차를 구매할 때 여유가 있었음에도 경차를 선택했고 3년 동안 경차 사랑은 식을 줄 몰랐다. 그런데 하루는 고속도로에서 사고가 났다. 아주 큰 대형 사고는 아니었지만 뒤쪽 범퍼와 트렁크가 파손되는 정도의 사고였다. 그 어떤 말로도 경차 사랑을 포기하지 않았던 사람이 사고가 난 이후에 2달 만에 중형차로 자동차를 바꿨다. 사고로 인한 안정성에 대한 경험으로 자동차를 바꾼 거 아니냐고 생각하겠지만 아니다. 경차들이 사고에 조금은 취약한건 맞지만 요즘 나오는 경차들은 이런 문제도 상당히 해결해서 나오기 때문에 안정성의 문제로 자동차를 바꾼 건 아니다. 자동차를 바꾼 이유는 엉뚱한 데 있었다. 사고가 난 후 차량을 수리하는 데 걸리는 시간이 일주일 정도 된다고 했고 그 기간 동안 동일한 조건의 차량으로 렌터카를 보험회사에서 대여해 주는데 아무 조건 없이 해당 차량이 없다는 이유 하나만으로 렌터카 업체에서 2단계나 높여 임의적으로 중형차를 렌트해준 것이다. 그리고 일주일 동안 중형차를 몰고 다니던 A씨는 일주일이 지난 뒤 다시 자신의 차를 타게 되었는데 그리 길지도 않은 일주일 동안 벌써 몸이 중형차에 익숙해져 있어 경차가 다소 불편했던 것이다. 그래서 2달 동안 경차의 경제적 혜택과 중형차의 안락함을 고민 또 고민하고 결국 중형차로 바꿨던 것이다. 자신이 한번 겪어 본 경험에 의해 몇 년 동안의 마음가짐이 무너져 버리는 것이다. 현재 자신이 생활하고 있는 범위에서 한 단계 높은 것을 경험하면 아래로 내려오지 않으려는 속성이 있다.

평범한 직장생활을 하는 B씨가 있었다. 15년 정도 알고 지내는 친구인데 한 10년 전쯤 같이 식사를 하는 자리를 마련했다. 당시 흔하지 않던 패밀리레스토랑에서 식사를 했는데 그 식사가 B씨에게는 다소 충격이었다. 식사비용이 생각보다 많이 나와서 그런 것도 있었지만 기존에 뷔페식당을 경험해보기는 했지만 뭔가 다른 패밀리레스토랑만의 분위기에 조금은 놀랐고 자신이 모르던 그곳에 사람들이 너무나 많다는 데 놀랐던 것 같다. 그 다음부터 B씨와의 식사 자리는 대부분 패밀리레스토랑이었다. 한번 자신에게 신선하게 다가온 식사문화 충격이 B씨에게는 지속적으로 발걸음을 하는 동기가 된 것이다. 그리고 몇 년 전 호텔 뷔페에서 B씨와 식사를 하게 되었다. 의외로 호텔 뷔페를 안 가본 사람들이 많은 건 알고 있었지만 소시민인 B씨에게는 패밀리레스토랑에 대한 환상이 다시 깨어지게 된다. 또 다른 세계가 있구나 하는 걸 느낀 것이다. 호텔만의 분위기는 패밀리레스토랑과는 또 다른 것이었기 때문에 다시 한 번 식사문화 충격이 온 것이다. 다행스러운 건 워낙 비용이 크다보니 자주 다니지는 못한다는 것이다.

이렇듯 경험이라는 것은 중요한 것이다. 좋은 경험은 자신을 발전시킨다는 점에서 중요하고 좋지 않은 경험은 잘못을 인정하는 감각을 마비시킨다는 점에서 중요하다.

그렇다면 예로 들었던 2가지 경험은 위쪽 방향으로 올라가는 경험이라면 위에서 아래로 내려오는 경험은 없는가 궁금할 것이다. 물론 위쪽에서 아래쪽으로 내려오는 예는 더 많다. 간단하게 비교해도 주변에 성공했다는 사람들이 많은가? 사업 등에 실패해서 망했다라고 이야기하는 사람들이 많은가? 경제적으로 실패하면 위쪽에서 아래쪽으로 내려오는 지름길이 만들어진다. 자신이 누리던 혜택을 끝까지 누리고 싶지만 경제적으로 불가능하기 때문에 어쩔 수 없이 내려오는 것이다. 그렇기 때문에 대부분의 사람들이 내려오지 않으려고 열심히 살려고 노력하는 것이다. 해탈의 경지에 이르러서 무소유를 느끼는 선인들의 마음가짐으로 사는 사람들이 아니라면 대부분 인정하는 내용일 것이다. 사람들의 특징이 내려가야 할 불가항력이 있지 않으면 경험에 의해 자신이 누리는 삶보다 아래쪽으로 내려가지는 않으려고 한다. 한번은 아는 사람들끼리 자원봉사라는 염치없는 명목 하에 보육원에 간 적이 있었다. 다들 봉사활동을 하면서 좀 더 이웃들과 호흡하며 살아야 하겠다느니 지금까지의 자기 삶이 잘못 된 거 같다느니 하는 말들이 오고갔다. 하지만 다음에 다시 봉사활동을 가지고 제안 했을 때 그런 말을 했던 대부분의 사람들이 다른 일 때문에 힘들다고 이야기한다. 또한 기아 체험 등의 행사에 참석해도 마찬가지도 그 몇 시간 체험을 한다고 해서 그 한 번의 체험으로 자신은 좀 덜 먹더라도 남들과 나누는 삶을 살아야겠다고 다짐하고 그 다짐이 평생을 가는 사람들이 얼마나 되겠는가? 그때뿐이라는 것이다. 그런 동기로 자신의 삶을 바꾼 사람들도 종종 만나보기는 했지만 그들은 대부분 절대적인 의지의 소유자들이여서 평범한 일반인들이 그런 행동을 따라 하기란 힘들다는 것이다. 사람이 아플 때 가장 겸손해 진다고 한다. 하지만 병이 다 낫고 나면 겸손함은 어느 순간 사라져 버리는 경우가 많다. 어떤 경우라도 자신이 누리는 생활보다 아래쪽으로 내려간다는 건 웬만한 의지를 가지고 실천하기가 쉽지 않다는 것이다. 사람들의 이런 속성은 영업시장에서도 많이 사용된다. 먼저 위쪽으로 가는 경험을 보면 고객을 수준을 높아보이게 한다는 등의 아첨 섞인 발언 등으로 마음을 사로잡아 고가 제품을 판매한다든지 하는 편협한 영업수법도 있겠지만 그런 거 말고 매출목표로 이야기를 해보자.

월 매출목표가 5억인 매장이 있다. 현재 이 매장의 매출은 4억 수준이다. 1억이나 매출을 늘리는 건 처음에는 힘들다고 생각했다. 불가능하다고 말하는 직원들도 있었다. 그런데 목표를 달성하면 성과급을 크게 지급하겠다는 일차원적인 동기가 부여되었고 결국 눈물 나는 노력 끝에 5억 목표를 달성했다. 그런데 한번 달성된 목표는 다음부터 지지선이 된다. 나라 전체의 경기가 워낙 안 좋아지는 경우를 제외하고 대부분 목표를 달성하면 다음부터 쉽게 그 숫자에 오른다는 것이다. 한번 경험을 해봤기 때문에 어떻게 하면 가능한지에 대한 노하우가 생겼기 때문이다. 반대로 매출이 안 될 때 기업체에서 해병대 지옥훈련이나 새벽 수산시장 또는 등산 등으로 사원들의 마음가짐을 다잡으려고 하는 경우가 있다. 결과적으로 말하지만 왜 그런 걸 하는지 이미 다들 알고 있고 일단 그 순간만 지나면 그만이라고 생각하기 때문에 별 효력이 없다는 것이다. 자신이 그 사람들의 삶을 살아보지 않고는 지켜보는 방관자의 입장에서 느낌이 통하지 않기 때문에 그렇다. 오히려 잘되는 매장 가서 며칠 근무를 시키면서 자신들의 뭐를 해야 할지 벤치마킹을 하게 하는 게 더 도움이 되기도 한다. 올라가려고만 하는 영업현장의 속성이 어떻게 보면 비인간적이고 너무 여유가 없어 보이는 삭막한 삶처럼 보이지만 영업을 즐기는 사람들은 한번 달성한 목표에 대한 짜릿한 맛을 잊을 수 없어서 다음에 더 높은 목표를 향해 즐겁게 도전한다고 말을 한다. 그 짜릿함을 느껴보고 싶다면 목표달성에 대한 눈물 나는 노력을 해보자.

Episode 23

열정을 가지고 사는 사람들

- '획일적인 생각은 버려라. 뭔가 남들과 달라야 살아남는 세상이다'라는 말은 새로운 시도에 대한 의지를 불태우는 말이다. 한편으로는 이런 말들이 단순히 돈을 벌기 위해 그런다는 생각을 하면 잔혹할 만큼 냉정하게 느껴지기도 한다. 하지만 이런 행동들이 자신의 마음속에 끊임없이 타오르는 고객들을 향한 열정이라면 이보다 더 좋을 수는 없다. -

어떤 일이든 자신의 의지가 아닌 타인의 의지에 의해 하는 일들이 있다. 아무 일도 안하는 것보다야 낫겠지만 자기가 하기 싫은 일을 억지로 해야 한다는 자체로 일 때문에 받는 스트레스가 심하다. 아마 인간은 태어나자 마자 스트레스를 받으면서 살 수밖에 없는 존재일 것이다. 그래서 끊임없이 운다. 배고파서 울고 기저귀가 축축해서 울고 장난감을 사고 싶어서 울며 공부를 하기 싫어서 운다. 취업 때문에 울고 돈이 없어서 운다. 사랑 때문에 울고 자식 때문에 울며 지난 삶을 후회하면서 울고, 운명의 끝자락에서 마지막 눈물을 흘리게 된다. 그런데 이런 삶 속에서 너무나 즐거워서 하는 일들이 있기에 그나마 위안을 삼고 살아가는 게 아닐까? 생각해 보면 힘들고 지칠 때도 있지만 너무 행복해서 어쩔 줄 몰라 할 때도 많다는 걸 알 것이다. 특히 자신이 하는 일에 이런 만족감을 가지고 있다면 얼마나 좋을까? 지금부터 소개할 몇 가지는 자신의 일에 열정을 가지고 행복하게 사는 사람들의 이야기다.

장사를 하기 위해 어떤 일을 하는지 생각해보자. 고객이 매장으로 방문하는 유형의 장사로 순서도를 한번 그려보면 홍보를 하고, 고객이 매장에 오고, 상담하고, 제품을 구매하고, 배송하며, 제대로 사용하는지 확인전화를 하는 게 일반적이다. 그런데 홍보를 참 살벌하게(?) 하는 사람들이 있다. 매장을 알리기 위해서 보통 하는 일이 광고를 하는 것이다. 매장 앞에 현수막이나 만국기를 걸고 장사를 하고 있고 어떤 행사를 하고 있는지 알린다. 그리고 신문 삽지를 통한 광고나 TV광고나 인터넷 배너를 통한 광고 등 다양한 방법으로 홍보한다. 그 중에 아르바이트 등을 써서 전단지를 각 가정에 넣는 광고를 선택하는 사람들이 많다. 아르바이트 비용을 아끼기 위해서 장사하는 사람들에게 전단지를 나눠주는 일을 하라고 해보자. 어떻게 보면 자기들이 물건을 팔고 그 물건을 구매해줄 고객을 모으는 일이니 당당하고 정말 호소력이 담긴 목소리로 말을 하며 나눠주거나 우편함에 넣거나 대문에 열심히 붙여야 한다. 하지만 당연한 것 같은 이 일을 대부분의 매장 직원들은 하기 싫어한다. 이유는 창피하다는 것이다.

장사가 안 되는 한 매장에 컨설팅을 갔을 때 일이었다. 매장을 둘러보고 진열 등을 점검하는 데 매장 한편에 수북이 쌓여 있는 엄청난 양의 홍보물을 발견했다. 뭔가 하고 살펴보니 여름철이라 고객들에게 나누어주려고 홍보용 부채를 500개를 찍어 놓은 것이다. 그런데 매장에 들어오거나 제품을 구매하는 사람들에게만 나누어주다가 보니 매장에 아직도 400개 이상이 남아서 매장 한쪽을 차지하고 있었다. 그래서 직원들에게 홍보물이면 꼭 방문 고객에게 줄 필요는 없는 거 아니냐 하면서 매장 앞이랑 지하철 앞쪽에서 지나가는 사람들에게 나누어 주라고 했다. 그랬더니 다들 한가하게 파리 쫓고 있던 직원들이 갑자기 바빠진다. 이유는 체면이 있지 창피하게 길거리에서 그런 걸 어떻게 나누어 주냐는 것이었다. 그래서 "그럼 어쩔 수 없죠. 제가 가서 나누어주고 오겠습니다" 하고 할 필요가 없다고 말리던 직원들을 뿌리치고 부채를 들고 나가서 지나가는 사람들에게 나누어 줬다. 행인들 입장에서는 더운 날씨니 부채 하나 주는 게 얼마나 고마운 일인가. 한 개 주면 몇 개 더 달라는 사람부터 고맙다고 인사하시는 분들까지 서로 즐거웠다. 분위기가 이렇게 풀려가니 이제야 직원들도 부채 나누어 주는 일에 동참했다. 전단지를 나누어주거나 지나가는 사람에게 무엇을 판매하기 위해서 말을 거는 일이 무척이나 힘들다는 건 안다. 거절에 대한 두려움 때문에 그럴 수밖에 없다. 하지만 고객을 상대로 장사를 하는 사람들이 고객을 만나는 일을 두려워해서야 말이 안 되지 않는가? 자기가 해야 하는 일이라면 법적이나 양심적으로 문제가 없다면 어떤 일이든 프로정신으로 자신감 있게 하는 게 중요하다.

A매장도 이런 광고를 위해 매달 전단지를 1000부 단위로 찍는다. 그런데 전단지를 아르바이트를 활용하지 않고 매장의 직원들이 직접 나가서 뿌린다. 처음에는 직원들에게 전단지를 아파트나 주택에 붙이고 오라고

사장이 말하자 전부 왜 그런 일까지 해야 하느냐는 불만 가득한 분위기였다. 그래도 사장이 시키는 일이라 어쩔 수 없이 실제 전단지를 들고 나가서 두 시간 정도 지난 후에 매장으로 들어왔다. 전단지를 꾸준히 배포해도 전단지를 보고 매장을 찾아오는 사람들이 그리 많지 않았다. 전단지 효과가 없나 생각하고 말았는데 한번은 직원이 차량에서 뭘 꺼내는 걸 보다가 그 안에 매장 전단지가 가득한 걸 확인했다. 어떻게 된 건지 알아보니 전단지를 일일이 집마다 붙이는 게 귀찮아서 그냥 차에서 한잠 자고 매장으로 돌아온 것이었다. 그러니 전단지 효과를 기대했던 기대감은 절대 충족될 수 없었던 것이다. 사장 입장에서는 직원들을 믿고 맡겼던 것이다. 하지만 이 믿음은 배신이라는 단어로 돌아왔다. 이 일이 있고 난 후 전단지를 배포하는 방법이 조금은 바뀌었다. 일단 사장이 직접 전단지를 들고나갔다. 단, 나갈 때는 휴대폰과 지갑 등은 모두 매장에 빼놓고 직원차량으로 타고 4Km쯤 떨어진 곳에 가는 것이다. 그리고 직원은 매장으로 돌아간다. 돈도 없고 전화도 없이 그냥 전단지를 붙이면서 매장으로 걸어가는 것이다. 사장이 하고 나면 다른 직원들도 똑같이 했다. 그리고 잘 붙어있는지 사장이 항상 확인을 하고 다녔다. 이렇게 하자 직원들의 불만이 하늘을 찔렀다. 비인격적인 처우라고 말도 하고, 믿음이 없어서 일하기 힘들다는 말도 했다. 하지만 이런 불만은 곧 사라졌다. 전단지 효과가 상당했던 것이다. 그러니 직원들의 입장에서도 더 이상 불만을 제기할 명분이 없었던 것이다. 이 일로 인해 직원들이 과거에 자신들이 생각하던 '그냥 남의 일인데 내가 뭐 이렇게까지 할 필요가 있겠어' 라는 생각이 잘못되었음을 알았다. 자신들이 힘들게 붙인 전단지를 들고 찾아와서 물건을 구입하는 고객들을 보면서 힘들게 한 일이 보람 있다는 걸 배운 것이다. 이 매장의 경우 영업에 대한 자신감이 충만해서 매출도 안정적으로 늘어났고 직원들의 단결력도 좋아졌다.

다른 매장을 한번 보자. 제품을 판매하고 난 다음 고객들의 클레임(불만)을 처리를 잘하는 매장이 있었다. 이 매장의 경우 사장이 직접 고객의 불만에 대한 전화를 받았다. 직원들의 명함에 불만신고 전화번호를 따로 기재한 것이다. 대부분 업체에서는 명함에 이런 표시를 하지 않는다. 매일 고객으로부터 험한 소리 듣는 걸 하려는 사람이 없기 때문이다. 그런데 이 매장의 경우 그 전화번호가 사장이 직접 받는 전화번호로 기재되어 있었다. 그리고 고객에게서 전화가 오면 어떤 문제인지 파악하고 최대한 해결을 해주려고 노력했다. 그리고 불만을 제기한 모든 고객들에게 사장이 직접 케이크나 음료수 등을 구입해서 전달했다. 다소 고객이 억지를 쓰는 경우라도 예외가 없이 불편함을 끼쳐드려 죄송하다는 말과 함께 직접 전달했다. 비록 규모가 작은 업체지만 고객 불만 처리에서는 정말 대단하다는 생각이 든다. 이런 행동들로 인해 이 매장의 경우 주변 고객들에게 어떤 경우라도 자신들이 판 제품에 책임지는 매장이라는 소문이 났다. 당연히 매출도 계속해서 늘어났다. 또한 직원들의 입장에서도 제품에 자신감을 가지고 판매할 수 있게 되니 판매가 즐거운 일로 변했다. 항상 팔아놓고 고객 클레임으로 걱정이었던 문제가 사라진 것이다. 판매 후 문제에 대해서는 사장이 직접 해결하니 고맙기도 하고 미안하기도 하니 같은 실수가 반복되지 않았다. 그러니 직원들의 업무능력도 좋아질 수밖에 없었다. 사장의 행동 하나가 전체 매장의 분위기는 물론 고객들의 신뢰를 듬뿍 받을 수 있는 원동력이 된 것이다.

이런 사례들은 무수히 많다. 이 모든 행동은 하나의 같은 전제조건이 있다. 고객에 대한 사랑이 담겨 있지 않으면 안 되고 자신이 하는 일에 대해서 열정이 없으면 절대 못하는 일이기에 고객을 향한 열정과 사랑이라는 전재조건이 있어야 된다는 것이다. 오늘도 이런 열정으로 고객과의 나눔을 행복으로 생각하며 일하는 영업사원들이 있기에 우리나라 국가 경쟁력이 높아지는 게 아닌가라는 거창한 꿈을 꿔본다.

Part 3. 공감의 아름다움

- 마음을 나눈다는 것만큼 아름다운 말이 있을까?
서로 같은 생각을 하고 같은 마음으로 살아간다면
세상에 있는 모든 것들이 행복해질 것이다.
공감이라는 말을 사랑하라. -

- 공감이라는 단어는 영업시장을 떠나 어디에서나 중요하다. 갓 태어난 신생아의 울음소리의 의미를 알아야 아이를 달랠 수 있듯이 상대방의 마음을 알아야 진정한 사랑을 나눌 수 있기 때문이다. -

Episode 24

알고 있되 지배하려 하지 마라

- 왕이 너무 현명해서 신하들의 말을 듣지 않아 나라가 기운 사례를 우리는 역사적 증명을 통해 수없이 봤다. 영업 현장에서도 이 말은 너무나 기본적인 말이다. 배를 끌고 가는 선장이 독단적으로 행동한다면 결국 선원들의 불만으로 배가 앞으로 나갈지 아니면 침몰할지 모르는 것이다. 그래서 선장의 역할이 중요하다. -

사업을 할 때 가장 많이 듣는 말 중의 하나가 '동업은 절대 하면 안된다'는 말일 것이다. 결국 나중에 서로 잘났다고 하는 문제가 발생하고 그 문제로 인해 '망한다' 라는 암묵적 공식이 말을 만들어 냈다고 볼 수 있다. 오죽하면 부부가 하는 동네 구멍가게로 인해 부부끼리 싸움을 하겠는가? 동등한 입장인 동업의 관계도 이렇게 서로 호흡을 맞추기 힘든데, 직급으로 이루어진 회사에서는 더 많은 문제점이 생기게 된다. 작은 동네 구멍가게부터 대기업까지 영업을 잘하기 위해서는 같이 일하는 사람들이 서로 배려하고 마음에 맞아야 성공이라는 글을 쓸 수 있는데 현실은 서로 다른 곳을 바라보고 비난하고 헐뜯기 바쁘니 회사가 제대로 될 수 없는 것이다.

대리점을 운영하는 사장님이 있다. 자신이 10억 이상을 들여 매장을 열고 7년 동안 매장을 잘 운영해 오고 있다. 겉으로 본다면 누가 봐도 대성공은 아니더라도 부러워할 만한 분이다. 이 사장님과 이야기를 해보면 정말 예전부터 장사를 해 오신 분이라 '영업에 대한 생각이 제대로다' 라는 말이 나올 정도로 가지고 있는 생각은 탁월하다. 흔히 하나의 사례를 보면 자신의 것으로 10개 이상 만들어낼 수 있는 능력자다. 또한 어떤 교육이나 설명회도 사장님이 직접 참석하거나 점포 직원 상당수를 참석시킬 정도로 열의를 가지고 대리점을 운영하시는 분이다.

그런데 이 대리점의 경우 조금 어려운 부분이 하나가 있다. 같이 일하는 직원들이 세 달을 버티지 못하고 변경된다는 것이다. 사장님과 대화를 통해 보면 정말 같이 일하면 일할 만하겠다는 생각이 들 정도로 영업 쪽으로는 일명 '깨신 분' 인데 왜 그 밑에서 일하는 직원들이 버티지를 못하고 나갈까라는 궁금증이 들게 된다. 그래서 몇몇 그만두는 사람들과 이야기를 해보면 이 매장의 경우 여러 가지 사소한 문제가 있지만 결정적인 문제는 사장님이 너무나 '위대' 하다는 것이다. 모든 진열부터 제품 주문까지 사장님이 도맡아서 한다. 직원들의 의견을 반영하는 부분도 있기는 하지만 대부분 중요한 일처리는 사장님이 직접 챙겨서 처리한다. 사장님과 같이 일하는 직원들이 지점장을 비롯해 부장, 차장, 과장, 대리, 경리 등 매일 얼굴 보며 일하지만 모든 중요 결정은 사장님이 직접 한다. 이게 바로 이 매장의 문제다. 직원들에게 사장님이 들려주는 이야기는 이론적으로 완벽하다. 하지만, 그 이론을 자신의 것으로 만들려고 하는 직원들의 생각을 인정하지 않는다는 데 문제가 있었다. 예를 들어 직원이 제안을 하면 긍정적으로 생각해보고 '한번 해봐라' 라고 할만도 한데 일단 과거의 예를 들어 '예전에 비슷한 거 해봤는데 안 되더라, 그게 될까?' 라는 말로 직원들의 사기를 꺾는다. 또한 만약 어떻게 어떻게 해서 제안을 반영하더라도 안 되면 마치 '너 책임이야' 라는 눈으로 직원들을 보기 때문에 항상 책임 추궁당해야 하는 불안한 입장에서 직원들이 근무하게 된다. 그러다 결국 버티지 못하고 다른 일자리를 찾아서 떠나는 것이다.

그 대리점이 잘 되고는 있지만 더 잘되기 위해서는 어떻게 해야 했겠는가? 직원들을 신뢰하고 맡겨 둔다는 것은 누구나 생각하는 문제다.

그럼 실천적으로 어떻게 행동해야 하는가? 이 사장님의 경우 이와 같은 조언을 들어도 일단 수긍하지만 일주일을 넘기기 힘들다. 사장님의 눈에는 자신의 수준에 직원들이 맞추지 못하다고 생각하기 때문에 결국 또 다시 전권을 자신이 직접 쥐고 휘두르게 된다.

이 같은 경우도 처방전은 하나다. 그냥 사장님이 대리점을 잠시 떠나는 것이다. 기간은 대리점이 한 달 단위로 결산한다면 한 달이 좋다. 그냥 한 달 동안 직원들에게 휴가를 갔다 온다든지 아니면 다른 일이 있어서 그것이 잠시 집중 해야겠다든지 하는 방법으로 떠나야 한다. '열심히 일한 당신 떠나라' 는 문구가 제대로 맞아 들어가는 경우다. 그리고 떠나 있는 한 달 동안은 매장이 어떻게 돌아가든 일절 신경을 쓰지 말아야 한다. 죽이 되든 밥이 되든 그건 직원들이 알아서 할 문제고 사장님은 그냥 그동안 열심히 달렸으니 정말 편안하게 놀아도 된다.

그렇게 한 달이 지나면 양쪽도 잃을 게 없는 결과를 보게 된다. 만약 대리점의 장사가 잘 되었다면, 사장님 입장에서 '우리 직원들이 나 없어도 잘 하는구나' 라는 신뢰감이 생길 것이고(반면 내가 필요한가라는 상실감이 있을까 우려도 된다), 직원들은 '하면 된다' 라는 자신감을 가지게 될 것이다. 반면에, 장사가 잘 안 되더라도 사장님의 입장에서는 직원들에게 기회를 주는 너그러운 모습으로 자신의 존재를 부각시킬 수 있는 장점이 있고, 직원들 입장에서도 '사장님이 없으니 힘들더라' 라는 생각으로 좀 더 열심히 배워야겠다는 생각을 하게 된다. 결국 한 달이라는 시간은 '상호이해' 라는 답을 얻을 수 있는 소중한 시간이다.

이 사례의 결말은 결국 해피엔딩이었다. 쉽게 행동할 수 없는 일을 실천으로 옮긴 사장님이나 그 사장님의 뜻을 생각해서 주어진 기회를 충실히 잘 살린 직원들의 승리였던 것이다. 이 같은 사례는 지금 영업현장에서 수도 없이 일어나고 있다. 만약 당신이 비슷한 어려움에 놓여 있다면 과감히 두 번 생각하지 말고 같은 행동을 해보라(단, 조심해야 할 게 하나 있는데 금전적인 부분은 안전하게 처리하고 떠나야 한다는 걸 잊지 말자. 갔다 왔는데 텅 빈 공간이 당신을 기다린다면 이건 살아도 지옥일게 아닌가?). 그게 성공일지 실패일지는 몰라도 시도했다는 자체만으로 소중한 경험이 될 것이다.

Episode 25

고객의 마음을 어떻게 읽을까?

- '말하지 않아도 마음으로 느낄 수 있다' 라는 건 누구에게 통하는 멘트일까? 어떻게 보면 연인들 사이의 작업 멘트 같기도 하고, 한편으로는 모 제과업체 광고 문구 같기도 하다. 영업하는 사람에게 있어서 사람들이 무엇을 원하는지를 파악하는 건 너무나도 중요한 일이다. 그런데 어떻게 해야 사람들을 마음을 쉽게 알 수 있을까? -

서울 신도림에 있는 한 대형 마트 지하에 가면 식당들이 즐비하다. 그 가운데 항상 어느 시간이나 손님들이 많은 순두부집이 하나 있다. 모 순두부 체인에 속해 있는 집인데 항상 다른 집보다 손님이 많다는 것이 특징이다. 물론 위치상으로 푸드코트 입구 바로 앞에 위치하기 때문에 손님들이 찾기 쉽다는 위치상의 장점도 있지만 단순히 그것 때문에 손님이 많은 건 아니다. 그렇다면 직원들이 항상 밝은 표정으로 활기차고 잘 웃고 음식이 너무 맛있기 때문에 손님이 많다는 그런 기본적인 내용을 제외하고 이야기를 하고 싶다. 이 식당에서 5번 정도 식사를 하면서 왜 이 식당에 손님이 많은지 알 수 있었다.

일단 이 식당의 메뉴가 사람들의 입맛에 맞게 선택할 수 있다는 것이다. 체인이기 때문에 본사에게 내려준 메뉴 구성이겠지만 얼큰한 순두부와 잘 어울리는 계란말이를 2인 세트나 3인 세트 메뉴로 구성해서 손님이 오면 권하는데 가격이 순두부 2개를 시키나 2인 세트(순두부+계란말이)를 시키나 천원 차이기 때문에 보통 2인 세트메뉴를 선택하게 된다. 일단 처음 가보는 사람은 여기서 한번 반하게 된다. 항상 세트메뉴를 주문하면 순두부가 먼저 나온다. 순두부가 나오면 일단 각각 순두부를 주문했을 때보다 양이 작다는 생각을 하기 되고 세트메뉴라서 그런가라는 생각과 함께 다소 실망하게 되는데 이 실망은 잠시 후에 나오는 계란말이에서 확 바뀌게 된다.

세트메뉴의 계란말이가 '뭐 별거 있겠어' 라는 생각이 계란말이를 보는 순간 '와!' 하는 작은 외침으로 바뀌게 된다. 보는 것만으로도 푸짐한 계란말이다. 아마 순서가 바뀌었다면 어땠을까? 푸짐한 계란말이가 먼저 나오고 조금 양이 작은 것 같은 순두부가 나왔다면 오히려 손님들의 반응은 별로였을 것이다. 조삼모사와 같은 고사성어에서 나오는 사람들의 속성을 제대로 이용한 방법이라고 할 수 있다.

또한 순두부에 들어가는 계란의 경우에도 일반적으로 다른 순두부집처럼 그냥 풀어서 가지고 오는 것도 아니고, 계란을 별도로 주는 것도 아니라 일단 계란을 하나가지고 온다. 그런 다음에 "순두부에 넣어 드리겠습니다."라고 말하고 직접 깨서 넣어준다. 이게 뭐 특별한가 생각할지 모르겠지만 영업하는 사람의 입장에서 보면 조금 다르다. 일단 계란이 들어간다는 걸 손님들에게 인식시켜 줄뿐 아니라 혹시 계란 넣는 걸 싫어하는 손님들에게는 선택권을 주는 행동이다. 또한 직접 깨서 넣어 주는 행동은 고객들을 위해 한 번 더 서비스를 한다는 생각을 심어주는 행동이다. 이 식당의 사장과 종업원들은 매 순간 순간이 손님들을 위해 치밀하게 짜여서 돌아가는 서비스 정신이 몸에 배어있는 것처럼 보인다. 물론 이곳 사장님의 경우 이런 생각 안하고 그냥 파는 거라고 하지만 손님들을 겪으면서 어느 순간 사람들의 마음을 읽고 행동 하는 게 자연스럽게 습득된 것이다.

3번째 식사를 하기 위해 식당에 갔을 때 발생했던 문제도 손님들 마음을 잘 읽는 행동으로 보여 소개하려고 한다. 아는 지인과 같이 가서 식사를 주문하는데 해물순두부 2개를 주문했다. 여기서 종업원과 손님인 우리 사이에 문제점이 발생했다. 우리는 당연히 2인 세트를 생각하고 주문했는데, 종업원이 받은 내용은 순두부 2인분으로 받아들인 것이다. 주문을 해놓고 다른 사람들이 주문하고 이곳 사장님이 손님맞이 하는 모습을 지켜보던 가운데 아차 싶었다. 이 집 세트메뉴는 계란말이의 맛을 손님이 직접 고르게 되어 있는데, 아까 주문할 때 종업원이 "계란말이는 어떤 맛으로 해드릴까요?" 라는 말을 안했던 것이다. 그래서 종업원을 불러 주문이 잘못 된 것 같다고 말했는데, 종업원의 입장에서는 이미 주문이 들어갔고 조리시간이 지나서 변경이 어렵다고 난색을 표하는 상황에서 사장이 다가 오더니 해당 내용을 변경해 드리겠다는 말을 하는 순간 주방에서 음식이 나와 버렸다. 보통 이 시점까지 오는 음식점도 많지는 않다. 주문을 완전히 잘못 받은 경우가 아니면 주문 들어가면 어쩔 수 없다는 게 돌아오는 대답이다. 그런데 이 집의 경우 종업원은 힘들 것 같다고 했지만 사장이 직접 해드리겠다고 말한다는 점에서 일반적으로 장사를 못하는 집보다는 한 단계 앞서 있다는 생각을 하게 된다. 그런데 이미 음식이 나왔으니 이제는 사장도 난처하고 우리도 난처한 입장이다. 누군가 선택은 해야 했다.

사장이 먼저 "어떻게 할까요?"라는 말을 건네 왔다. 그냥 어쩔 수 없다는 행동보다는 또 한 단계 멋진 표현이다. 사실상 사장이 던진 말은 "죄송한데 그냥 드시면 안 될까요?"라는 말이다. 그래도 표현을 끝까지 손님입장에서 이야기해주는 게 고마웠고 그냥 먹기로 했다. 그런데, 재미있는 게 아까 우리에게 주문을 받았던 그 종업원이 다른 테이블에서 세트 주문한 계란말이 주문을 잘못 받은 것이다. 손님은 햄 치즈 계란말이를 주문했는데 종업원이 베이컨 계란말이로 잘못 기재한 것이다.

이 상황에서 사장은 주문한 손님이 들릴 다소 낮은 목소리로 종업원을 나무란다. "오늘 얘가 왜 이런지 모르겠네."라는 말과 함께 일단 주방에 이미 조리가 끝난 베이컨 계란말이는 두고 다시 빨리 해달라는 요청과 함께 손님에게는 식사가 늦어지게 된 점에 대해서 사과를 했다. 시간을 돌려서 우리가 주문할 때도 생각해 보면, 2명이 와서 같은 순두부를 주문하면 사장의 경우 세트 메뉴인지 그냥 2인분인지 다시 확인한다. 하지만 종업원은 그런 행동을 하지 않았다는 점에서 다소 잘못했다고 말할 수 도 있는 문제다. 오늘 이 종업원의 컨디션이 그리 좋지 않은 거 같다.

이야기는 여기서 끝이 아니다. 그럼 잘못 부쳐진 그 베이컨 계란말이는 어떻게 되었을까? 그냥 종업원들이 먹었을까? 아니면 식지 않게 보관했다가 다른 손님이 주문하면 내어줄까? 아니다. 정답은 우리가 먹었다가 정답이다. 다 먹은 건 아니고 반 정도 먹었다. 나머지 반은 우리 바로 옆 테이블에 혼자 오신 사장과 친해 보이는 분에게로 돌아갔다. 잘못된 계란말이에 대해서 사장은 즉각 혼자 오신 손님에게 조금 드리라고 주방에 이야기했다. 그때 저자의 머릿속에 저 사람이 장사를 잘하는 사람이라면 나머지는 우리에게 주겠지 생각했는데 2분 정도 지나도 아무런 행동이 없는 것이다.

이 정도밖에 안 되나 생각하는 순간 사장이 말하길 "아참, 나머지 계란말이는 아까 세트메뉴 주문 잘못된 손님에게 드리면 되겠네."라고 하면서 우리 테이블로 가져다 줬다. 역시 장사를 잘한다고 생각하고 지켜봐왔단 기대감을 져버리지 않는 행동이었다. 이 식당의 경우 손님이 항상 많은 것도 식당주변에 장사를 하는 사람들이 많은데 그 사람들이 항상 식사를 하러 오면 개개인의 음식 먹는 특성이나 어떤 일을 하는지 파악해서 대화를 주고받고, 특히 혼자 오는 손님에게는 더 많은 이야기를 주고받는다. 우리나라 사람들이 혼자 밥 먹는 것에 대해서 아직도 낯설어 하고 부끄러워한다는 것을 생각해서 혼자 밥 먹는 게 아니라는 생각이 들게 하기 위해 일부러 더 그러는 것이다. 사람들의 마음을 잘 알고 있는 이 식당의 경우 다소 더 추가되었으면 하는 영업 노하우가 있기는 하지만(고정고객을 위한 쿠폰제나 혼자 오는 손님들을 위한 매장 구조 변경 등) 지금 정도로도 아마 그 많은 식당 가운데 가장 많은 손님이 다녀가는 집으로 계속 남지 않을까 싶다. 오늘 저녁도 이 집 순두부를 먹으러 갈 생각이다.

Episode 26

공감은 쉽지만 실천은 어렵다

- 무조건 성공한다고 말하지는 못하지만 실패할 확률을 줄이는 방법은 대부분의 사람들이 '괜찮다' 고 생각하는 걸 먼저 시작하는 것이다. 여기서 시작한다는 말은 실천으로 옮긴다는 뜻이다. 항상 먼저 생각은 하고 있지만 실천하지 못하면 별 의미가 없다는 건 두 번 말할 필요가 없는 이야기다. 남들보다 먼저 생각해낸 아이디어를 공상 속에서 끝내지 말고 현실 속에서 무엇인가를 만들어낸다는 건 짜릿한 재미가 있다. -

지금도 대학 동기인 한 친구를 만나면 PC방 이야기를 반드시 한다. 이 친구와 1993년 대학 시절에 했던 가장 많이 이야기했던 사업 아이템이 지금은 서서히 저물어간다고 표현하는 PC방이었다. 당시 PC통신만 해도 대단하다고 하던 시절 몇 개 되지 않은 인터넷 서버를 통해 문자로만 전송되는 인터넷 자료만으로도 정말 신기하고 대단하다고 생각을 했고, 이런 재미있는 것을 사람들이 모여서 할 수 있게 하면 좋겠다는 이야기를 거의 만

날 때마다 했다. 유감스럽게 생각을 이야기만 했지 실천을 못했다. 시간이 흘러 2000년도 들어서면서 PC방은 서서히 영역을 넓혀가더니 2000년 중반에는 거의 그 숫자가 최고치에 달했고 최근에는 다소 주춤하다. 그때 PC방이라는 생각을 실천으로 옮겨 사업을 시작했더라면 아마 지금쯤 상당한 재력을 가지고 있을지도 모르겠다. 지금 이 이야기를 읽으면서 내가 그런 생각은 더 오래전부터 했다라고 생각하는 사람들도 있을 것이고 비슷한 경험을 가지고 있는 사람들도 있을 것이다. 결국 다 같이 생각은 했는데 실천을 하지 못해서 기회를 놓친 것이다.

비슷한 예로 네비게이션의 경우도 마찬가지였다. 이리 저리 자동차로 많이 출장을 다니면서 길을 안내해주는 기계가 있으면 정말 편할 텐데 라고 생각했고 그런 기계가 있으면 성공할 텐데 하는 생각도 네비게이션이 나오기 한참 전부터 했지만 실천하지 않았고 그 때 실천으로 옮긴 몇몇 회사들이 크게 성공했다. 아마 자신도 생각했었는데 안타깝다고 생각할지 모르겠지만 그 성공은 누구나 생각하는 걸 실천한 용기에 대한 당연한 답례라고 할 수 있기에 부러워할 필요가 없다.

다른 예로 식품에 관련된 이야기를 해보자. 지금은 누구나 익숙한 친환경 농산물이 그 좋은 예라고 할 수 있다. 멜라닌 파동 등 여러 가지 사건들로 인해 먹거리에 대한 불안감이 사회적으로 급속히 퍼져나가고 그 틈 속에서 안전한 먹거리에 대한 시장이 크게 열리고 있는 것이다. 이미 자리를 잡은 것 같은 시장에 가능성이 있을까를 의심할 눈초리가 있을 수도 있다. 농산물을 판매하는 곳에서는 어디서나 친환경 농산물에 대한 안내표시를 볼 수 있고 동네 슈퍼를 제외하고는 친환경 농산물은 이미 일반화 되었다고 볼 정도로 자리 잡았다고 생각할 수도 있다. 하지만 아직 시장이 완전히 자리 잡은 건 아니기에 또 다른 기회가 남아있다는 것이다. 표기법을 통해 시장이 남아 있다는 것을 한번 증명해보자. 친환경 농산물이라 불리는 시장에서 친환경 농산물이 정확하게 어떤 측면에서 다른 제품들보다 좋은지 표기하는 곳은 얼마나 되는가? 또한 저농약 제품, 무농약 제품, 친환경제품, 유기농제품등을 정확하게 어떤 차이가 있는지 구분하는 고객은 또 얼마나 있겠는가? 국내 모 식품회사에서 얼마 전부터 이런 차이점을 설명하는 광고를 내보내고 있다. 이제는 그냥 친환경이니까 좋겠지 하는 접근보다는 왜 그게 좋은지를 고객들에게 설명하면서 시장을 넓혀가야 하는 시점이다. 이런 측면에서 본다면 TV의 여러 가지 소비자 입장에서 조사를 한다는 프로그램들을 보다보면 좀 한심하다고 생각되는 내용들이 있다.

두부의 예를 들면 유화제나 소포제를 사용해서 두부를 만들기 때문에 좋지 않다는 내용을 계속해서 반복적으로 내보낸다. 그런데 유화제나 소포제가 먹었을 경우데 화학물질이므로 좋지 않고 장기간 복용할 경우 발암물질을 생성할 수 있어 좋지 않다는 내용을 좀 더 상세히 예를 들어 설명하면서 소비자를 이해시킬 필요가 있다. 그냥 화학물질이니 좋지 않다는 말은 정확한 정보를 전달한다고 보기 어렵다. 또한 지금까지 섭취해온 제품에 그런 문제가 있었다면 앞으로는 먹지 말자는 것은 기본적으로 전달이 되는데 지금까지 먹은 건 어쩌라는 건가? 현재 나이가 일흔인 분에게 유화제 소포제에 대한 이야기를 했더니 하시는 말씀이 대부분 비슷했다. 그런 거 신경 안 쓰고 살아도 문제없이 잘 살았다는 대답이었다. 그러니 이제부터 열릴 친환경 제품의 시장의 영업방식은 친환경 제품이 왜 좋으며 인체에 어떤 효과가 있고 금액적인 부분에서도 기존 제품과 어느 정도의 차이며 그 이유는 무엇이라는 내용을 고객에게 이해시키는 방법을 찾아야 한다. 이 방법을 빨리 찾는 기업이 이제 서서히 가열되기 시작한 친환경 제품 전쟁에서 승자로 남게 될 것으로 보인다.

기업의 입장에서 본다면 가격은 일반 제품의 1.5배에서 2배 이상 비싼 친환경 제품을 판매하는 것은 매출 향상이나 순익에서도 많은 도움이 된다. 또한 농산물을 생산하는 농가에게도 이런 제품들은 새로운 희망으로 떠오를 수 있다는 점에서 서로 좋다는 장점을 가지고 있다. 그러니 먹는 사람도 안심하고 먹을 수 있는 근거와 그 가치를 명확하게 알리는 게 하루 빨리 진행되었으면 한다.

또 하나의 사례가 최근 원화약세에 따른 외국인 관광객에 대한 업계의 행동이다. 조금 발 빠른 호텔이나 면세점의 경우 외국인 관광객을 위한 새로운 프로그램을 조기에 도입했고 그 결과는 전체적인 경기불황임에도 불구하고 해당 업체는 선전하고 있다. 또한 전자제품을 판매하는 용산시장에서도 몇 평 안 되는 매장에서 3억이 넘는 놀라운 매출을 기록하고 있는 곳이 있는데 찾아가 알아보니 처음부터 내국인 판매보다는 외국인을 대상으로 판매하는 것에 주력했고 결과는 용산시장 내 최고 경쟁력을 가진 매장으로 이름을 높이고 있다. 해당 직원의 말은 이랬다.

"용산전자상가가 예전처럼 내국인을 상대로 장사를 하기란 쉽지 않습니다. 인터넷 등을 통해 가격이 완전히 공개되어 있고 용산시장이 많은 제품과 무조건 저렴하다는 예전과는 다르게 상가를 찾는 내국인들이 그렇게 많지는 않습니다. 그런데 어느 순간 외국인 관광객들이 많아진다는 걸 느끼면서 우리가 한 건 가격표나 인사말을 몇 개의 외국어로 표기 했을 뿐이고 그 결과가 월 매출 3000만 원 정도에서 6개월 사이에 10배가 넘는 3억 이상의 매출로 나타났습니다."

이 직원의 말처럼 뭘 그렇게 거창하게 한 게 없다. 그리고 이 매장에서 하는 걸 다른 매장들도 보고는 있지만 다들 처음에 '저게 되겠어' 라는 눈빛만 보냈다고 한다. 그렇지만 남들 시선 신경 안 쓰고 6개월이라는 시간 동안 놀라운 결과를 보여준 당사자들은 지금도 자신감에 찬 모습으로 그 자리를 지키고 있다. 환율이 오르면 어떤 결과가 생겨날지 미리 생각하고 외국에로 상품 설명을 하거나 외국인을 대상으로 한 프로그램을 더 만들어서 관광객을 유치하는 등의 아주 간단한 이치에 따른 행동이 놀라운 결과를 가져올 수 있었던 것이다.

지금 몇 가지 예는 누구나 예측 가능한 것이다. 그런데 이런 예측 가능한 것을 먼저 상업화시키는 능력이 중요한 것이다. 최근 세계적 불황속에서도 많이 팔리는 한 게임기 회사의 경우 게임기를 산다는 이미지를 버리고 학습을 위한 도구나 운동을 위한 도구로 게임기를 포장해서 엄청난 매출고를 기록하고 있다. 사달라고 조르는 학생들은 명분이 있어서 좋고, 사주는 입장에서는 게임만 하는 게 아니라 공부도 할 수 있다고 하니 혹시나 하는 믿음에서 쉽게 사줄 수밖에 없는 상황을 연출한다. 마케팅 회의에서 가장 많이 나오는 이야기가 이런 이야기다. 구입을 원하는 계층과 구매를 해주는 계층 간의 벽을 허무는 마케팅 전략을 수립 하는 게 중요하다고 이야기한다. 그 가운데 이 게임기 회사의 영업 전략은 많이 논의되었으나 결국 먼저 실천에 옮긴 게임기 회사만 대박이 난 것이다. 누구나 생각해도 된다고 믿는 아이디어에 이제 망설이지 말고 실천이라는 날개를 달아보라. 그러면 그 날개로 인해 행복함을 맛볼 수도 있다.

Episode 27

판매는 표현법이 중요하다

- 영업을 하는 사람은 자신이 판매하는 제품에 대해서 공부하고 판매할 것이다. 그 공부의 대부분은 어떻게 자신의 제품을 고객들에게 더 쉽게 빠르게 이해시키는 방법을 찾는 데 있다. -

사람들이 제품을 구매를 원하는 이유에는 여러 가지가 있을 것이다. 꼭 필요한 물건이라든지 디자인이 좋다든지 기능이 마음에 든다든지 자신의 이미지에 맞는다든지 가격이 저렴하다든지 서비스가 좋다든지 하는 이유 말이다.

만약 구입하려고 하는 제품 가운데 거의 비슷한 정도로 마음에 드는 2개의 물건이 있다고 해보자. 디자인이나 성능이다 가격이나 비슷하다면 어떤 제품을 구매하겠는가? 두 개다 구입할 수는 없으니 어떻게든 선택을 해야 한다. 정말 어려운 선택 앞에서 망설이고 있을 때 필요한 게 제품에 대해서 조금 더 알고 있는 판매 사원이다. 그래서 판매 사원에게 제품에 대한 조언을 구하게 되고 판매하는 사람이 확신에 찬 어조로 설명하는 제품을 구매하는 경우도 있을 것이다. 특히 고객이 어려워하는 제품을 판매할 때에는 판매 사원의 말이 절대적으로 구매에 영향을 미칠 수 있다. 그래서 물건을 판매하는 사람은 자신이 파는 제품을 어떻게 고객에게 설득력 있게 말하는가를 항상 고민한다.

지하철에서 물건을 파는 사람들을 본 적이 있을 것이다. 물론 지하철공사에 따르면 지하철 내에서 물건을 판매하는 행위는 불법이다. 하지만 정말 지하철에서 물건을 판매하는 사람들처럼 영업에 노련한 사람들이 없다. 일단 그런 공간에서 사람들 앞에 서서 제품을 판매하는 게 쉽지 않다. 예전에 지하철에서 람보 놀이를 하는 사람들도 있기는 했지만 그 잠깐 동안 하는 행동도 부끄러워서 바로 도망가는데 사람들 앞에서 제품을 그렇게 여유롭게 판매하는 것부터가 쉽지 않기 때문이다. 그런데 지하철에서 물건을 판매하는 사람들도 경력에 따라 판매하는 방법이나 말투에서 티가 난다. 지하철판매에 입문한지 얼마 되지 않은 사람들의 경우에는 말을 할 때 시선이 자신의 발 아래쪽으로 자주 고정되는가 하면 말을 시작할 때는 큰 목소리로 시작하지만 설명하는 도중 말소리는 점점 작게 변해간다. 사람들의 시선이나 관심에 주눅이 들어 자신감이 결여된 모습을 보이게 되는 것이다. 또한 판매하는 물품에 대한 장점에 대한 이야기는 어디서 듣고 나오기는 했지만 승객들에게 전달을 잘하는 방법에서 서툴다.

하지만 몇 년 동안 지하철에서 장사를 했던 사람들의 경우 조금 다른 모습을 보인다. 예전에 지하철에서 영업을 하는 사람과 얼마 정도 대화를 해 본 적이 있다. 그분은 말하는 어투나 제품을 설명하는 동작이나 승객들의 반응을 살피는 모습이 예사롭지 않아 그 사람이 노선을 갈아타러 내리는 때를 기다린 다음 같이 내려 얼마나 이 일을 했고 이 일에 대해서 어떻게 생각하는지 그리고 어려운 점은 무엇인지에 대해서 물어보았다. 이 분 경력은 5년 정도 이 일을 해왔다고 했고 사실 몇 년 정도 꾸준히 하면 큰돈은 아니지만 그래도 다른 일을 할 정도의 여력을 생기는데 하다 보니 오래되었다고 말을 한다. 판매하는 물품도 공급하는 사람이 따로 있는데 물건을 판매하면 공급가의 절반 정도의 수익이 남는 제품부터 그렇지 않은 거까지 다양하다고 한다. 물론 많이 남는 물건이 좀 판매하기 어려운 물건이라고 한다.

그리고 판매하는 방법도 변하고 있는데 예전에는 그냥 제품을 손에 들고 이 제품이 어떤 물건이 있고 그냥 사 달라고 하는 입장에서 요즘은 판매하시는 분들이 음반이면 카세트를 들고 다니면서 직접 음악을 켜놓고 판매를 하고 강력본드는 뭐든지 붙여 보이며 영업을 하며 구두약을 판매할 때는 승객 중 구두가 조금 상태가 안 좋은 걸 빨리 눈으로 찾아서 직접 닦아서 성능을 보여주는 게 지하철 장사 바닥에서 기본이라는 말을 했다. 그리고 서비스가 되든 안 되든 일단 서비스가 된다고 말을 하고 백화점이나 마트에 납품 들어가는 제품이라는 홍보성 문구도 말할 때 자주 사용한다고 한다. 그런데 이런 내용들이 어느 순간 체계화돼서 누가 어떻게 해서 많이 팔았더라 하면 다른 분들도 바로 적용해서 비슷하게 판매를 한다는 것이다. 그래서 지하철에서 물건을 판매하는 사람들 보면 억양의 높낮이와 자신감에는 다소 차이가 있지만 대부분 비슷한 말을 하면서 제품을 판매하는 걸 볼 수가 있다고 말했다. 대부분의 지하철을 자주 이용하는 사람들은 제품을 판매하는 사람들을 보고 제품에 대한 설명을 듣지만 그 제품을 사야 한다고 생각하지는 않는다. 왜냐면 제품에 대한 신뢰성이 없고 뭔지 안 좋을 거 같은 느낌이 들어 구매를 망설일 수밖에 없다. 지금도 지하철에서 직접 시연을 하면서 열심히 판매하는 사람들을 보면서 뭔가 안 좋으니까 이런 데서 판매하고 있을 거라는 생각을 하는 고객들이 많을수록 지하철 영업은 점점 더 어려워질 것이다. 하지만 천 원, 이천 원 하는 제품을 판매하면서 어떻게든 사람들의 마음을 얻어 돈을 벌려고 하는 그 모습이 나쁘게 보이지만은 않다는 걸 말하고 싶다. 그리고 지금 말하려고 하는 영업사원들보다는 지하철에서 물건을 판매하는 사람들이 더 멋져 보이기도 한다.

A라는 사원은 모 전자제품 대리점에서 근무하는 직원이다. 한번은 한 전자제품 전문 판매 매장에 방문한 적이 있었다. 세탁기를 구매하기 위해 방문했는데 내 뒤에 이어 나이가 일흔이 넘어 보이는 분이 혼자 세탁기를 보러 들어오셨다. 일단 나는 혼자 본다고 했고 상담을 담당하는 직원은 그 분과 상담을 시작했다. 상담 내용을 옆에서 가만히 듣고 있으니 가관이다. 나이 지긋하신 어르신이 외형이 비슷하게 생긴 세탁기 2대를 놓고 왜 가격이 차이가 나느냐를 묻자 그 직원의 대답이 대부분의 사람들은 알아듣지도 못할 전문적인 용어만을 사용하며 대답하는 것이다. "어떤 기능이 있고 없어서 가격에 차이가 나는 건데 그 기능이 하는 역할은 이런 것입니다." 하고 설명해야 하는데 그 직원의 말은 이랬다. "가격 차이는 은사출과 은나노의 차이에서 비롯되며 통이 다릅니다." 하는 식으로 말을 한다. 은사출과 은나노가 뭐가 다른지 제품을 판매하는 사원의 경우 잘 알고 있겠지

만 나이가 일흔이 넘어 보이는 어르신이 알고 있을 확률이 얼마나 된단 말인가. 대부분의 설명이 이런 식이다 보니 당연히 상담에 마찰이 생길 수밖에 없다. 이해를 못하겠으니 계속해서 설명을 요구하는 건 고객의 당연히 권리인데도 불구하고 상담 사원은 어차피 살 거 같지도 않은데 왜 자꾸 귀찮게 하느냐는 표정이고 심지어 말귀를 못 알아듣는다는 표현과 함께 고객이 답답하다는 심정을 토로했다. 이 직원의 경우 고객의 입장에서는 전혀 생각을 안 하고 자신들이 판매하는 제품의 고급 지식을 말하는 게 고객을 압도하며 자신이 가치 있어 보일 거라는 착각을 하는 사람으로 보인다.

이런 예는 정말로 많다. 알지도 못하는 말로 설명하는 사람들을 본 게 하루 이틀이 아니지 않는가. 의학드라마를 보거나 법정드라마를 보면 알지도 못한 말을 내뱉고 밑에 자막처리를 한다. 그런데 자막조차도 이해가 안 가는 경우가 있다. 병원에 가서 자기 진료 차트를 보고 이해를 하는 환자가 얼마나 있을까? 또한 최근에 DSLR 제품을 사기 위해 전문상가를 다니다 보니 DSLR 제품을 판매하는 사람들이야 말로 정말 전문가다. 렌즈에 대해서 이야기를 하고 바디에 대해서 이야기를 하는데 혼자 즐거워서 이야기한다. 그런데 고객은 전혀 이해를 못하겠으니 이를 어쩌랴. 정말 답답한 노릇이다.

이런 안 좋은 분위기를 만드는 덴 고객들도 충분히 한몫을 했다. 대부분의 고객들이 상담을 받다 보면 판매사원이 이해하지 못할 말을 하는데도 그냥 고개만 끄덕이고 만다. 그냥 좋은 이야기겠지 생각하고 그런 말을 할 정도면 많이 아는 사람 같으니 믿고 구입해도 되겠구나 하는 판단을 하게 되며 결국 구매를 하는 경우가 종종 있다. 이런 문제로 인해 판매하는 사람들의 수준이 쉽게 변하지 않는 것이다. 현명한 소비자라면 이해되지 않는 내용에 대해서는 충분한 이해할 수 있을 정도의 상담을 당당히 요구해야 하고 만약 판매사원이 그것에 대해서 조금이라도 좋지 않게 생각하는 모습이 있다면 그 매장에서 나와 근처의 다른 매장으로 빨리 자리를 옮기는 게 좋다. 그렇게 하지 않고 그냥 어차피 살 제품이니 사자라고 생각한다면 고객의 돈의 가치를 잘 모르는 영업사원만 계속해서 늘려주는 일에 일조를 하게 되는 것이다.

또 한 명의 이해가 잘 되지 않는 영업을 하는 B라는 사원이 있다. 매장 컨설팅 때문에 방문한 매장에서 B라는 사원의 판매하는 모습을 보게 되었는데 지켜보다가 정말 고객에게 어이없는 말을 하는 걸 보고 깜짝 놀랐다. 더 놀라운 건 그런 어이없는 말을 들은 고객이 제품을 구매했다는 것이다. 판매가 끝나고 그 사원의 판매 방식에 놀라움을 표현하자 자기는 그런 식으로 잘 판매한다고 자랑까지 한다. 그 깜짝 놀랄 일이 무엇인가 하면 상담 도중에 고객이 제품에 대해 궁금한 내용을 질문 하자 직원이 해당되는 질문에 대해서 모르고 있었다. 보통 직원 같으면 그것에 대해서 알고 있는 사원에게 도움을 요청하거나 전화나 다른 방법을 통해서라도 고객에게 대답을 하거나 잘 몰라서 죄송하다는 대답을 할 것이다. 그런데 이 직원의 대답은 이랬다. "고객님. 제가 잘 몰라요 그래도 그냥 사 주세요." 정말 대단하다. 그 대답을 듣는 순간 여기가 전문적으로 제품을 판매하는 곳인지 아니면 동냥하는 곳인지가 의심스러웠다. 더군다나 판매하면 된 거지 뭐가 문제냐는 그 직원의 자랑스러운 대답을 어떻게 이해를 해야 할지 몰라 당황스러웠다. 그래서 매장을 나오면서 그 직원에게 한마디만 해주고 나온 기억이 있다.

"B사원님은 그래도 이렇게 근사한 곳에서 근무를 하는데 다음부터는 본인이 같은 행동을 할 때 앞에 두 마디만 더 붙여서 말하면 좋을 거 같습니다."

그 두 마디는 '저를 믿고' 였다. 그 뒤에 매장을 다시 방문한 적이 있었는데 B판매사원은 보이지 않았다. 어쩌면 보이지 않는 게 그 매장에 있어서는 다행일지도 모른다. 어떤 경우라도 자신이 판매하고 있는 제품의 특징을 모르고 판매하건 있을 수 없는 일이다. 자신이 모르는 그 부분이 고객에게는 가장 중요한 내용이라면 그 후 발생하는 고객의 불편함은 어떻게 감당할 것인가. 그런 생각이 없이 그냥 팔면 된다는 생각으로 영업을 한다면 지금이라도 자신의 진로를 몇 % 되지 않는 영업과 관련이 없는 업무 쪽으로 알아보는 게 오히려 인생이 있어서 큰 낭비를 하지 않는 것일 수도 있다. 이 두 사람의 영업사원만 보더라도 지하철에서 물건을 판매하는 사람들의 얼마나 영업에서는 더 멋져 보이는지 조금은 이해가 될 것이다.

판매사원은 자신이 가지고 있는 지식을 최대한 고객들에게 설득력 있게 전달하는 노력을 해서 마음을 얻어야 하며, 고객들은 자신이 지불하는 소중한 돈이 그 만큼의 가치가 있는 사람에게 지불되고 있는가를 생각해야 한다.

Episode 28

파는 입장이 아니라 사는 입장에서 생각해라

- 아주 독특한 시선을 가진 사람이 아닌 대부분의 사람들은 판매하는 사람의 입장이 아닌 구매하려는 사람의 입장에서 생각하면 판매에 대한 새로운 노하우를 많이 얻을 수 있다. 내가 파는 제품을 '나는 살것인가' 라는 물음을 먼저 던져라. -

나는 이렇게 생각하는데 고객들은 어떻게 생각할까라는 질문에서 시작하는 게 영업의 기본이다. 그리고 그런 고객들의 마음을 알아보는 게 사전 시장 조사다. 이런 경우 가장 좋은 방법은 내가 고객이라면 과연 이 제품이 필요한가를 먼저 생각하고 주위에 나처럼 생각하는 사람들이 얼마나 있는가를 찾아보면 된다.

흔히 말하는 대박이라는 제품을 만들어 낸 사람들을 생각해보자. 그냥 가정주부가 물걸레질이 힘들어서 조금 편하게 할 수 있는 방법이 없을까 하는 의문에서 시작한 청소기 사업이 큰 성공을 거두었다. 나는 청소를 이렇게 하면 편할 거 같은데 다른 사람들도 그럴까를 많이 조사한 끝에 제품을 만들었고 대박을 이루어낸 것이다. 대부분의 대박 상품들이 이렇게 해서 만들어졌다고 보면 된다.

결국 영업에서 사람들의 심리를 빨리 읽고 행동하는 게 좋은데 예를 들어 보면 다음과 같은 경우가 있다. 우리나라 사람들의 공통적인 특징 가운데 하나가 중간만 하면 된다는 생각을 활용한 영업 방법이다.

한 전자제품 판매점에서 모니터를 판매하는데 그 당시 고객들이 주로 구입하는 모니터의 크기는 19형 제품이었다. 그리고 조금 크게 구매한다고 해도 20형 제품이 한계였다. 그런데 매장의 입장에서 보면 22형 제품이 가격도 좋고 마진도 좋아서 22형을 많이 판매해야 하는데 어떻게 하면 고객들이 22형을 선택하게 할까를 고민하기 시작했다. 가격도 상대적으로 비싸고 상대적으로 너무 크다는 생각을 가지고 있는 고객들의 마음을 바꾸는 방법을 찾는 게 쉽지 않을 거라고 생각했다. 그런데 의외로 아주 간단한 방법으로 이 매장에서 가장 많이 판매되는 모니터의 크기가 22형 제품으로 자리 잡았다. 그 방법은 중간을 좋아하는 고객들의 특징을 이용한 것이다. 처음 이 매장의 모니터의 진열은 규칙 없이 아무데나 놓여있었다. 크기에 맞게 진열하거나 화면 연출물에 따라 진열하는 등의 방법을 사용하지 않았던 것이다. 그런데 22형 모니터를 상대적으로 크다고 느끼는 고객들의 마음을 돌리기 위해서 모니터 구성을 일렬로 20형-22형-24형으로 진열하는 방법을 사용했다. 가장 많이 판매되던 19형의 경우 별도로 조금 떨어진 곳에 진열했다.

그 결과 어떻게 되었을 거 같은가? 22형이 베스트 모델로 떠오르기 시작했다. 고객들의 반응을 보면 딱 하나다. 세 가지 모델을 집중적으로 비교

진열하면 20형의 경우 조금 작게 보이고 24형은 크게 보인다. 그러면서 고객은 제품 구매에 있어 자신을 합리화시키기 시작한다. 고객은 마음속으로 24형은 비싸기도 하고 저렇게 클 필요가 있을까라고 생각하고, 20형은 조금 작게 보이고 괜히 돈이 없어 저렴한 제품을 구매 하는 것처럼 보이기는 싫기 때문에 결국 선택은 중간인 22형으로 하자라는 결론이 내리게 되는 것이다.

이런 방법은 이 매장 말고도 많이 사용되는 방법이다. 자신들이 많이 팔고자 하는 제품을 중심으로 다른 제품들을 진열하고 판매하면 판매는 당연히 늘어나게 된다. 중간을 좋아하고 체면을 중요하게 생각하는 우리나라 사람들의 특징을 이용한 하나의 방법이라고 생각할 수 있다.

또 다른 예를 들어보자. 건물 한 층에 간식거리를 파는 매장이 9점이 모여 있다. 그 9매장은 동일하게 판매하는 제품은 생과일주스고 다른 품목은 전부 다르다. 매장들은 건물 10층에 위치하고 있고 위쪽으로 멀티플렉스 영화관이 있고 아래쪽으로 일반 제품 판매점들이 위치하고 있다. 지하 1층에는 푸드 코트가 있는 지형적 위치를 가지고 있다. 이 간식 매장 중에서 가장 장사가 잘 되는 곳은 두 군데다. 한군데는 우리나라 여성들이면 대부분 좋아한다는 떡볶이와 튀김 등을 판매하는 곳이다. 다른 매력이 없어도 단지 메뉴 하나만으로도 충분히 사랑받는다. 그리고 다른 매장의 경우 와플과 계란빵을 판매하는 곳이다. 들고 다니면서 먹기 좋을 만큼 편하다는 장점을 가지고 있다. 다른 매장의 경우 닭 꼬치부터 간식용 빵이나 조각피자를 판매하는 등 다양하다. 그 중에서 장사가 가장 안 되는 것으로 보이는 매장은 호밀 빵을 이용한 샌드위치를 판매하는 곳이다. 항상 이곳에는 고객들이 있는 것을 보기 어렵다. 샌드위치면 괜찮은 메뉴인데 왜 그럴까?

문제는 메뉴가 아니라 진열에 있었다. 떡볶이나 와플 같은 경우에는 만들면서 향으로 사람을 유혹하고 보여주는 시각적 효과도 좋다. 그런데 괜찮을 거 같은 샌드위치 판매점의 경우 매장을 지나치면서 생과일만 판매하는 것으로 보이지 샌드위치를 같이 판매한다는 걸 아는 고객들이 별로 없다. 모형이 없을뿐더러 홍보문구 조차 없어서 그런 문제가 발생하는 것이다. 이 매장의 경우 메뉴를 변경하는 게 급선무다. 만약 샌드위치를 계속하려면 실물 홍보물이나 광고문구가 절실하지만 빵에 관련된 제품을 판매하는 곳은 아홉 점 가운데 5점이나 되기에 다소 부담스러운 면이 있다. 그래서 조금만 생각을 다르게 하면 그곳에 야채와 관련된 먹거리를 판매하는 곳이 없다는 걸 알 수 있다. 요즘 웰빙 바람에 맞춰 깔끔하게 먹을 수 있는 야채가 많이 들어가는 게 뭐가 있을까 그러면서 좁은 곳에서 어려운 기술이 필요 없이 간단하게 판매할 수 있는 것은 당연 크레페라고 생각하게 된다. 결국 그 매장은 메뉴를 크레페로 변경하고 지금은 항상 고객이 매장 앞에서 기다리는 모습을 볼 수 있다. 간단한 간식 메뉴를 판매할 때도 고객들의 입장을 생각해보자. 아니 고객들을 생각하기 전에 자신을 먼저 생각해보자. 내가 남자친구와 영화를 보러왔다. 간식을 먹으려고 하는데 떡볶이는 부담스럽고 와플은 살찔 거 같아서 기피하게 될 것이다. 그런 가운데 크레페 정도면 야채가 많이 들어간다는 점에서 깔끔한 이미지를 주는 것도 좋고 여성스럽게 보이는 부분도 있기 때문에 선택하기에 아주 좋은 메뉴다 이런 사람들의 마음을 생각해서 메뉴를 변경했고 가장 장사가 안 되던 곳에서 상위 판매점으로 변화할 수 있었다.

또 이런 예는 어떨까? 우리나라 겨울철 주요 군것질 거리로 뽑히는 붕어빵을 판매하는 매장이 있었다. 이 붕어빵 장사가 생기고 처음에는 4시쯤 준비한 재료가 다 떨어져서 더 이상 판매하지 못하는 판매 홍행에 성공했다. 이유는 매장 위치는 별로 크게 메리트가 없었지만 천원에 7개나 준다는 숫자 때문에 가능한 일이다. 주변에 붕어빵을 판매하는 곳은 천원에 3~4마리 정도 인데 7마리나 주니 얼마나 좋은가 그리고 메뉴도 슈크림을 이용한 붕어빵도 판매하고 천원이 아닌 오백원어치도 판매를 하는 등 비록 붕어빵 장사라고 아무 생각 없이 장사를 한다고 할 수도 있겠지만 다른 붕어빵 판매점과는 조금 다르게 생각을 많이 하고 장사하는 것 같았다. 그런데 시간이 지날 수록 이 매장의 판매는 점점 줄어들기 시작했다. 4시면 준비한 재료가 다 떨어져서 품절이었던 게 6시, 8시, 10시까지 해도 재료를 다 쓰지 못하는 일이 생겼다.

왜 그랬을까? 팥이 적게 들어가서 맛이 없어서 그런 걸까? 아니다. 붕어빵으로 맛으로 판단하는 것은 정말 마니아가 아니면 힘들 것이다. 문제는 고객들의 생각이 변한다는 것이다. 이 집 주인의 경우 자신이 평소에 생각하던 천원에 너무 수량이 적다는 생각과 왜 오백 원짜리는 안 팔까라는 생각에 착안해서 시작한 생각은 좋았다. 처음에는 정말 저렴하게 판매한다고 생각하고 남는 게 없겠다는 긍정적인 반응들이 조금 지나면 붕어빵의 크기가 다른 곳보다 작다는 걸 알게 된다. 고객들은 숫자가 많아진 비밀은 크기를 작게 만들어서 가능했던 일이라는 걸 아는 순간 많이 준다는 의미는 없어지는 것이다. 그나마 이유를 알고 그냥 사먹는 사람들의 경우는 괜

많은 편이다. 그런데 크기를 파악하지 못한 사람들은 다른 곳보다 저렴한 이유를 재료가 안 좋다는데서 찾기 시작했다. 저렇게 많이 주는 거 보니 재료가 안 좋은걸 쓰니 가능한 일일 것이라고 생각하면서 사먹기를 꺼려하는 것이다. 결국 숫자로 흥했다가 숫자로 망하는 결과를 낳았다. 오히려 붕어빵 사장님은 처음 장사를 시작하면서 붕어빵 7개라는 숫자를 오픈 기념 15일간 행사라는 문구를 붙여 홍보용으로 사용하고 15일이 지난 다음에는 서서히 그 숫자를 다른 판매점과 비슷한 4~5개로 낮추면서 오히려 구매할 때 덤으로 한두 개 더 주는 방법을 사용했어야 한다. 그랬다면 재료에 대한 오해도 사지 않았을 것이고 덤으로 더 주는 붕어빵에 대해서 인심이 후한 매장으로 구매하는 고객들에게 만족감을 더 줄 수 있었을 것이다.

이런 간단한 차이가 매장의 매출을 완전히 변화시킬 수 있다는 것을 잘 생각해야 한다. 사람의 심리를 이용해서 제품을 판매하는 건 홈쇼핑의 매진홍보나 얼마 남지 않았다는 시간 마케팅 등 주변에서 아주 흔히 볼 수 있는 것들이다. 아직도 이런 자신이 판매하는 제품을 직접 사용하지 않고 또는 주 구매층이 구입 후 사용하면서 느낀 점들을 이해하는 영업의 기본을 알지 못하고 장사를 한다면 한동안은 먼저 자신이 어떻게 하면 자신이 판매하는 제품을 구매할까에 대한 고민을 상당히 많이 해야 할 것으로 보인다.

Episode 29

자신에게 당당하게 행동하라

- 부끄러움이란 자신이 하는 행동이 자신이 없을 때 보이는 행동이다. 남에게 친절하다는 것과 비굴하다는 것을 혼동해서는 안 된다. 자신이 하는 일을 부끄러워한다면 그 일 또한 당신을 부끄러워한다. -

'현재 당신이 서있는 곳은 어디인가?' 라는 질문을 받는다면 조금은 황당할 것이다. 누워서 책을 보는데 서있는 곳은 아니지 않는가라는 생각을 하는 재미있는 사람들도 있을 것이다.

그럼 좀 더 세부적으로 물어보자. '당신이 목표로 하고 있는 인생의 목표가 있다면 현재 당신은 그 목표를 위해 어디까지 와있는가?' 라는 질문을 한번 해보자. 가장 의미 없는 대답은 인생의 목표가 없다는 것이고 그나마 목표가 있으면 다행이고 그 목표가 어느 정도 진척되어가고 있다면 좋은 편이며, 자신이 이루고자 한 목표를 이루었다면 성공한 인생일 것이다.

그럼 다시 하나의 질문을 던져보자. 나는 부끄럽지 않은 행동을 하고 있는가? 이 질문 또한 너무나 광범위한 질문이라서 대답하기가 힘들다면 다시 세부적으로 나는 내가 하고 있는 일에 자부심을 가지고 있는가라는 질문을 해보자. 아마 이 질문에 대한 대답 중에는 정말 일이 싫어서 자기 자신에게 매일 뭐하는 건지 모르겠다는 대답을 하는 사람도 있을 것이고, 어떤 사람은 자기가 하고 있는 일이 만족스럽다고 말하는 사람도 있을 것이다. 만약 지금 당신이 하고 있는 일이 당신 인생의 목표와 상관이 없거나 왜 하는지 잘 모르겠다는 생각이 몇 번이라도 들지만 밀려오는 카드 값에 집대출금에 자녀들 교육비등 돈 때문에 어쩔 수 없이 하는 일이라면 그냥 개념 없이 일을 버려라. 정말 개념 없다는 소리를 듣더라도 그냥 버려라. 망설일 필요가 없다. 당신 자신이 현재 하고 있는 일에 스스로 만족하지 못하면 당신이 하고 있는 일 또한 당신에게 만족하지 못하기 때문에 그 일이 언젠간 당신을 버리기 때문이다.

단, 조건이 하나 있다. 당신이 꿈꾸는 인생에 대한 확신은 가지고 있어야 한다는 것이다. 그것만 확실하다면 현재 당신의 모습은 버려져도 된다. 왜냐면 당신이 꾸고 있는 그 꿈이 당신에게 얼마든지 보상을 해주기 때문이다. 여기 두 사람의 모습을 통해 무슨 이야기인지 알아본다면 조금은 뜬구름 잡는 소리가 윤곽이 보이는 소리로 생각이 변할 것이다.

5년 전부터 알고 있던 A라는 사람이 있다. A는 조금은 영업사원들을 냉철하게 보는 사람들이 봐도 정말 영업을 사랑하는 사람이다. 언제나 만나면 자신이 영업을 하고 있다는 자체를 얼마나 행복해하는지 보여주지 못해 안달하는 사람처럼 행복함을 감추지 않았다. 그렇게 자신이 하는 일을 좋아하고 있으니 입사한지 3년 만에 회사에서 A에게 한 매장을 운영하는 지점장이라는 자리를 마련해 주었다. 주위에서 축하한다는 소리와 저 사람은 저 자리에 빨리 올라가는 게 당연하다는 찬사를 들으면서 당당히 대형 프랜차이즈 매장의 주인이 된 것이다.

하지만 남들의 생각과는 달리 A에게는 그게 불행이었다. A라는 사람은 고객들을 만나고 자신이 판매하는 제품을 고객들이 만족하면서 사용하고 고맙다는 인사말 하나로 행복하며 살아오던 사람이다. 그런데 지점장이라는 자리에 앉다보니 단순히 고객들에게 제품을 판매하는 것 이외에도 한 매장을 운영하는 여러 가지 일을 하게 되고 그러다 보니 지점장이라는 업무는 자신이 감당할 수 없는 업무가 되어 버린 것이다.

그럼 A가 능력이 없어서 그런 문제가 생긴 것일까? 아니다. 아마 자신이 관리자의 입장으로 성공하고자 했다면 몇 번은 성공을 하고 남을 사람이었다. 그런데 왜 지점장이라는 자리를 감당할 수 없는 자리로 생각했을까?

하루는 A에게서 저녁에 술이나 간단하게 한잔 하자는 연락이 왔다. 술자리에서 술이 몇 잔 돌고나니 A가 자기가 인생이 있어서 하나의 선택을 해야 하는데 어떻게 생각하는지 조언 아닌 조언을 부탁했다. 지금 자신이 해야 하는 선택은 현재 다니는 직장을 그만두고 보험영업을 하고 싶은데 주위에서는 다들 절대 그래서는 안 된다고 말린다는 것이다. 그런 상황이니 자기가 어떻게 해야 할지 말 좀 해달라는 것이었다.

그래서 그냥 더 묻지도 않고 생각대로 하는 게 좋겠다고 말했다. 다른 분야가 아닌 보험도 영업 중에 꽃이라고 생각하는 영업이니 하고 싶은 대로 하는 게 좋겠다고 한 것이다. A는 다소 의외라는 표정으로 나를 보더니 그냥 웃었다. 평상시에 알고 있는 나라면 혹시라도 자기에게 하고 싶은 대로 하라고 할지 모르겠다는 생각은 했지만 정말 쉽게 그럴 줄을 몰랐다는 것이다.

그러면서 자신이 왜 다른 영업으로 가고 싶어 하는지를 말을 꺼냈다. A가 지점장의 자리에 앉으면서 힘들었던 건 자신이 고객과 만나서 이야기를 나누는 시간이 줄어든 것도 있지만 관리자로서 월말에 본사에 보고해야 하는 숫자 맞추기가 너무나 자신을 힘들게 했다는 것이다. 여기서 숫자 맞추기란 본사에서 한 달에 달성해야 하는 목표를 지정해주면 그 목표에 몇 %를 달성해야지 별 문제 없이 한 달이 지나가는 걸 말하는데 자신과 같이 일하는 6명의 직원들이 정말 즐겁게 열심히 일을 해도 잘되는 달이 있고 안 되는 달이 있을 수 있다는 것이다.

그런데 그런 노력을 생각하지 않고 사람을 숫자로 보는 사내 시스템이 너무 싫었다는 것이다. 매장에 직접 와서 현장에서 어떻게 일을 하고 있는지 보지도 않고 조금 매출이 잘 나오면 마치 신처럼 대우를 해주고 그렇지 않으면 있어서는 안 될 존재처럼 대우하는 그런 모습들이 견디기 어려웠다는 것이다. 그래도 자신은 참을 수 있는데 자기와 함께하는 나머지 직원들에게 정말 미안해서 더 이상 견디기 힘들었다는 것이다.

물론 냉정하게 판단한다면 A는 관리자로서의 능력이 다소 모자라는 사람이다. 자신의 입장이 변화했으면 빨리 적응해야 하는데 어떻게 보면 적응을 제대로 못한 A가 잘못된 것일 수 있다. 하지만 A는 남들처럼 허위로 숫자 맞추기 같은 비정도 영업은 하지 않았다. 있는 그대로 자신 있게 자신들이 해낸 일에 대해서 자부심을 가지고 살아가는 사람인데 그런 자부심을 너무나 하찮게 여긴 본사의 관리자들에게 회의감을 느꼈던 것이다.

영업시장에서 숫자는 정말로 중요하다는 걸 인정한다. 오죽하면 매출이 양반이라는 말이 있을 정도다. 고객에 대한 CS나 매장의 청결도 그리고 직원들의 능력 등은 다 필요 없고 숫자만 잘나오면 된다는 뜻에서 만들어진 말이다. 하지만 그런 잘 만들어진 숫자를 위해 자신의 일에 대해 자부심마저 잃게 된다면 A의 선택처럼 그냥 떠나는 게 더 좋다고 생각한다.

그 다음에 A가 그래도 몇 년간 정들었던 회사에 사표를 냈다는 소리를 들었고 본사에서 2차례 면담을 통해 만류했지만 그의 고집을 꺾기는 어려웠다. 그 뒤로 그를 만나면 그는 처음 영업을 시작하면서 만났을 때처럼 행복한 표정을 하고 있다. 남들이 보험영업이라면 아줌마들이나 하는 거 아니냐는 시대착오적인 무지한 발언을 하면 분노의 말 펀치를 날려주기 바빠 조금은 피곤하기는 하지만 자기를 믿고 행복한 인생을 설계하는 고객들을 보면 이보다 더 좋을 수 없다고 A는 말한다. 그리고 지금은 예전 직장에서 보다 더 좋은 조건과 더 많은 고객들 사이에서 행복한 나날을 보내고 있다.

반면에 B라는 사람이 있다. 10년 전 부터 알고 지냈는데 처음에는 자동차정비를 하던 친구였다. 정말 사람 좋다는 소리는 다 듣는 사람이었다. 남들에게 밥 사주는 거 좋아하고 심성 여리고 자기 좋아하는 사람을 너무 잘 챙기는 사람이다. 그런데 이 친구는 딱 한 가지 자기가 하고 있는 일에 대해서 항상 불만이 많았다. 자기가 기름밥을 먹어서 사람들이 업신여긴다는 비관적인 말들을 망설임 없이 쏟아내면서 자기 비하를 하는 게 B와의 술자리에서 매번 반복되는 일이였다. 평소에 자신이 하고 있는 일에 대해서 비관적인 생각을 가지고 일을 하고 있으니 당연히 일을 잘할 수 없는 건 당연할 것이다. 그래서 해당 정비소의 소장을 만나서 이야기를 들어보니 B가 다른 건 모르겠는데 고객들과의 관계가 그리 좋은 편이 아니라 어떻게 해야 할지 망설이고 있다는 이야기를 해줬다. 그리고 얼마 후 결국 B는 직장에서 해고당하고 말았다. 그래도 B가 하는 말은 자신의 문제에 대해서는 생각하지 못하고 직장에 문제가 있어서 자신이 그만둔 것처럼 행동하고 다녔다.

그러고 다니길 한 달 쯤 지났을까. B가 빌딩에 화장지와 비품을 제공하는 업체에 취직했다는 이야기를 들었다. 이번에는 자기가 하는 일에 대해 만족하고 있나 싶어 만나서 이야기를 해보니 예전과 다를 바 없었다. 빌딩을 상대로 필요한 비품을 공급하는 일이 얼마나 창피한 일인지 모른다. 돈 때문에 어쩔 수 없이 다니는 거다. 잠깐 일하는 거지 조금 있으면 다른 곳으로 옮길 거라는 말들만 늘어놓는다. 그러더니 정말 B가 직장을 그만 뒀다는 이야기를 들었다.

이번에는 B가 자진해서 직장을 그만두었다. 그러고는 며칠 있다가 B로부터 전화가 왔다. 뜬금없이 어디냐고 물어서 어디에 있다고 하니 그쪽으로 가서 전화를 할 테니 기다리고 있으라는 이야기를 했고 얼마 후 고급 외제차를 몰고 B가 모습을 나타냈다. 어떻게 된 일인가를 물어보자 이번에는 수입차 판매하는 곳에 취직했다고 한다. 정말 취직을 이렇게 잘 할 수 있다는 게 신기하기도 했지만 참 다행스러운 건 이번 직장을 B가 마음에 들어 한다는 것이었다. 왜 그런가를 물으니 한건만 해도 돈이 된다는 이야기를 했다. 그리고 회사 차량을 이렇게 몰고 다니면 정말 남들이 부러워하는 게 보인다는 둥 정말 정신 못 차리는 소리를 하는 것이다. B에게 수입차

량 판매를 하는 일이 적성이 맞을지는 모른다. 하지만 자신이 하려고 하는 일이 그냥 쉽게 돈이 된다고 선택하는 B의 모습에 실망감을 감추지 못했고 그 뒤로 B와의 연락을 끊었다.

그렇게 몇 년 동안 연락을 못하고 살다가 다른 사람을 통해 B의 소식을 흘려들었다. 요즘 쉬고 있고 아는 사람 찾아다니면서 술이나 한잔 얻어먹고 산다는 이야기였다. 어쩌면 B에게 지금의 시간이 약이 될 수도 있다고 생각한다. 아직 자신의 인생을 절반밖에 살지 않은 B에게는 정말 인생의 확고한 목표를 만드는 시간이 지금처럼 어려운 시절에 가능하지 않을까 싶었기 때문이다.

A와 B는 같이 직장을 그만뒀다는 공통점은 있다. 하지만 그들의 인생이 이렇게 다르게 풀리는 건 A의 경우 자신이 목표로 하는 인생 목표가 확실했고 자신이 하는 일에 대해 당당했다는 것이다. B는 그런 점에서 A를 따라가지 못한 것으로 보인다. 항상 기억해야 할 것은 일이란 돈을 위한 목적이 아닌 자신에게 당당함을 주는 소중한 존재라는 것이다.

Episode 30

지휘자에 따라 클래식의 감동은 달라진다

- 클래식에서 악기를 연주하는 각각의 능력이 뛰어날지라도 그것을 잘 어우러지게 하는 지휘자의 능력이 떨어지면 좋은 연주를 할 수 없다. 연주자 개개인의 능력을 최대치로 끌어내는 건 지휘자의 몫이다. -

클래식이라는 음악 장르는 개인적으로 좋아하는 장르다. 물론 대중가요나 팝송 같은 장르도 좋아하지만 최근 들어 클래식을 접하는 기회가 많아지면서 점점 빠져들고 있는 중이다. 클래식이 가지는 매력은 알수록 강해지는데, 같은 곡을 들어도 개개인의 기분에 따라 느껴지는 감정이 달라지기도 하고 어떤 오케스트라가 연주했느냐에 따라서 음악적 해석도 달라서 마치 다른 곡을 듣는 거 같은 느낌을 받기도 한다. 클래식을 처음 들을 때는 전체적인 멜로디에 완성도에 감탄하게 되고 조금 더 듣다 보면 그 곡 안에서 살아 숨 쉬는 듯한 악기의 열정이 담긴 소리에 심장이 주체할 수 없을 만큼 뛰기도 한다. 그리고 어느 순간 곡을 더 아름답고 더 조화롭게 지휘

하는 지휘자에게 박수를 보내게 된다. 그래서 연주자들로 이름이 높은 사람들도 많지만 유독 클래식 음악에서는 지휘자에 대해서 마에스트로 라는 명칭을 부여하며 진정 우러러 보는 위치를 부여한다.

이런 클래식의 경우는 어느 사회에서도 같은 모습으로 존재한다. 정치란 모든 사회 구성원들을 어떻게 서로 상호 보완하며 좀 더 나은 삶을 살아가게 하는가를 고민하는 행위이며, 교육이란 보다 많은 배움으로 학문에 대한 탐구의 재미를 알게 하는데 목적이 있고, 기업이란 이윤창출을 목적으로 하는 집단이지만 최근들에 어떻게 사회에 기업의 이익을 환원하는가를 고민하는 멋진 모습을 보이는 집단이며, 가정이란 서로의 구성원들이 사랑으로 살아가는 목적을 가지고 있다. 이러한 목적을 완성하기 위해서는 오케스트라에서 명지휘자가 있듯이 국민의 소리에 귀 기울이는 정치인이 필요하며 학생들과 호흡하는 선생님이 필요하고, 나눔의 아름다움을 아는 기업인, 사랑의 기쁨을 아는 부모의 존재가 필요하다. 좁은 범위로 보면 매장을 이끌어 나가는 점장이 있는데 점장의 유형에 따라 점의 색깔도 많이 다르게 나타난다.

세부적으로 유형을 살펴보면 먼저 첫 번째로 독선적인 스타일이 있다. 모든 점원이 자신의 말에 무조건적으로 복종해야 하며, 그렇지 않은 경우 가차 없이 점원들에게 독설을 퍼붓는 스타일이다. 특히 그날 그날의 매출에 따라 직원들을 콩 볶듯이 달달 볶는 스타일들이 많은데 과거에 한 매장에 컨설팅을 위해 찾아 갔을 때 컨설팅을 안 하고 그냥 나온 경우가 있다. 아침 8시쯤 매장에 도착해서 분위기를 파악하고 있는데, 8시 반쯤 시작한 아침회의가 문제였다. 회의가 시작되자마자 회의를 주관하는 매장의 점장의 목소리가 높아지기 시작했다. 전일 점장이 휴무였는데 매출이 별로 좋지 않아 밤새 다음날 점원들에게 안 좋은 소리를 하리라 단단히 각오하고 나온 사람처럼 독설을 내뿜었다. 아침 회의석상에서는 좋은 이야기를 주로 하는 게 맞지만 가끔은 충격요법처럼 점원들의 의지를 불태우기 위해 그러는 경우가 있어 가만히 듣고 있었는데 갑자기 점장이 어떤 경우라도 점원들에게 해서는 안 될 말들을 쏟아내는 것이었다.

"고등학교 졸업하고 기껏해야 전문대학 같은데 졸업한 주제에 요즘 어디 가서 취직이나 되는 줄 아느냐 능력 있어서 갈 놈들은 그냥 빨리 가라. 아마 그럴 수 있는 XX들 없지 그럼 말 잘 쳐듣고 정신 똑바로 차리고 일해라. 너희 같은 거 받아준 회사에 고마워해야지. 내가 너희들 때문에 위에서 욕먹는 거 생각하면 정말 잠을 못 잔다, 잠을 못자"라는 말을 한 것이다.

순간 조금 떨어져서 듣고 있는 상태에서도 얼굴이 후끈 달아올랐는데 점원들의 경우 자주 겪는 상황인 거처럼 그 시간만 지나기를 기다리는 거 같았다. 살벌한 회의가 끝나고 점장이 불러서 컨설팅에 대한 이야기를 물었을 때 직원들 앞에서 이렇게 말했다. "이 매장의 경우에는 제가 별도로 컨설팅을 할 필요가 없을 거 같습니다. 점장님이 워낙 출중하셔서 제가 뭐라고 드릴 말씀이 없을 거 같으니 그냥 금일 예정된 컨설팅은 취소하겠습니다."라는 말을 하고 그 자리를 나왔다. 물론 컨설턴트로서 해서는 안 될 행동이었지만 그 당시는 자기 점원들에 대한 대우를 그렇게 밖에 못하는 점장에게 워낙 감정이 좋지 않아 그렇게 행동할 수밖에 없었다. 시간이 조금 지난 다음 점원들에게 인격적으로 너무 침해 받는 게 아니냐고 물었더니 직원들이 말하길 "가끔은 가벼운 폭행이 오가는 경우도 있지만 먹고 살

려니 어쩔 수 없다. 그래도 한번 안 좋은 소리 들으면 매출이 올라가는 경향이 있어서 뭐라고 말하기 힘들다."고 했다.

예전에 50명이나 되는 점장들 회의석상에서 대표이사가 매출이 가장 많이 한 점장에게 비결이 뭔지 발표해보라고 하자 "뭐 있습니까? 그냥 애들 쥐 잡듯이 잡으면 매출 나옵니다."라는 말을 해서 이게 우리 영업현실이니 참 암담하구나 생각했는데 이 매장의 경우도 비슷한 유형이었다. 직원들이 그런 말을 듣고 자신들의 나태함을 반성한다고 하니 더 이상 할 말은 없지만 꼭 그렇게까지 말을 해서 직원들을 움직이는 방법밖에 없는가는 아직도 의문점으로 남는다.

이런 독선적인 점장이 이끄는 매장 같은 경우에는 두 가지 결말을 많이 본다. 매장 매출이 꾸준히 상승하거나, 점장과 점원들과의 불협화음으로 인사이동이 있는 결말이다. 독선적인 점장이 좋은가 나쁜가를 평가하라고 한다면 그나마 자신도 일하면서 직원들을 몰아세우는 점장의 경우 100점 만점 기준으로 60점 정도를 부여하고 싶다.

두 번째 유형은 매장에 무관심한 점장의 유형이다. 독선적 점장과는 다르게 모든 결정이나 업무지시를 점원들의 눈치를 보면서 하는 유형이다. 주로 처음 점장으로 발령받은 점장들에게서 자주 나타나는데 점원들의 의견을 수렴하는 유형이 아니라 그냥 방치하는 유형이라 봐야 맞겠다. 한 매장에 점장이 새로왔는데 이 점장의 경우 매사에 의욕이 없는 유형이었다. 점원들과의 호흡 같은 건 당연히 신경을 안 쓰고 아침에 출근해서 하는 일이라곤 전산을 이용해서 주식이나 조회하고 만화나 보고 게임이나 하는 사람이다. 처음 컨설팅을 가서 점장이 하는 행동을 보고는 저 사람이 점장이 맞나 하는 생각이 들기도 했다. 심지어 고객을 피하는 모습까지 보이는 것이었다. 점장과 인터뷰를 하는 도중에도 그냥 자신은 별 관심이 없고 점원들이 다 알아서 하니 점원들과 이야기를 하라고 했다.

이 점의 매출은 점원들의 노력으로 어느 정도 유지가 되고 있었지만 3개월이 지나자 매장의 매출이 급속히 하락하기 시작했다. 그래서 본사에서 점장을 교체했음에도 불구하고 몇 개월 정도는 고전을 면치 못하는 모습을 보였다. 점원들도 점장의 안 좋은 모습을 처음에는 부정적으로 받아 들였지만 어느 순간 자신들도 점장과 닮아 있었기 때문에 벌어진 일이였다. 이런 무관심한 점장의 경우의 평가는 100점 만점 기준으로 30점을 줄 수 있다. 왜 0점이 아닌가하면 독선적이면서 무관심한 두 가지 유형을 동시에 가진 점장도 있기 때문이다. 점원들을 쥐 잡듯이 잡으면서 자기는 일을 하나도 안하는 유형의 점장들이 있기 때문이다.

세 번째 유형은 후덕한 외강내유한 유형의 점장이다. 가장 모범적인 점장 스타일 중의 하나인데 한 점장의 경우 정말 대단한 사람이라고 생각했다. 이 점장의 경우 회사에서 직급이 부장에 해당되는 직급의 점장이었는데, 직원들이 건의하는 내용의 경우 대부분 수렴해서 잘못된 점은 즉각 고쳐나갈 뿐 아니라 점원들의 특성을 잘 살려 업무를 맡겨 점원들이 개인적으로 성과를 높일 수 있는 환경을 만들어 줬다.

이 점장의 경우 두 가지 모습이 기억에 남는데 한 가지는 본사에서 매장에 내려와 점원들에게 이런 저런 안 좋은 소리와 함께 매장 진열 변경 등의 명령을 내리고 간적이 있었다. 마침 해당 점장이 자리를 비운 상황이었는데, 나중에 직원들을 통해 이야기를 전해들은 점장은 한 치의 망설임도 없이 본사에 전화를 해서 "합리적이지 못한 내용인거 같으니 필요하다면 너희들 인력 데리고 와서 바꾸든지 말든지 하고 책임도 너희들이 져."라고 말했다. 사실 본사에서 지시한 내용이 현실적으로 조금 맞지 않아서 벌어진 사건이었다.

또 다른 모습은 매장의 연간 매출 달성이 높아서 연말 보너스로 점장에게 천만 원이 주어졌는데 천만 원 전부를 점원들이 고생해서 받은 돈이니 당연히 점원들이 가져가야 한다며 그 자리에서 현금으로 직원들에게 나누어주는 모습도 봤다. 이런 점장 아래서라면 누구나 정말 일할 맛이 나겠구나 하는 생각이 든다. 당연히 점원들의 경우에도 지금까지 만나지 못한 최고의 점장이라고 엄지손가락을 들어보였다. 100점 만점에 90점 정도를 주고 싶은 유형이다. 왜 10점이 비냐면 너무 성격이 좋아서 직원들에게 쓴 소리를 별로 안한다는 점에서 10점을 뺀 것이다. 사실 매장의 상황이나 점원들의 특성에 따라 점장의 역할은 독선적이었다가 외강내유한 스타일이었다가 필요할 때 잘 변하는 게 중요하다. 외강내유한 유형의 점장이 좋기는 하지만 자칫 잘못하면 직원들의 흐름이 느려질 수 있다는 점은 경계해야 한다.

이런 세 가지 유형 말고도 세부적으로 분석하자면 몇 십 가지 유형이 있을 것이다. 하지만 기본적으로 점장의 입장에서 몇 가지 해서는 안 될 것들과 반드시 해야 할 것들을 이야기 해보면 다음과 같다. 점원들의 개인적인 약점을 이용해서 비난한다든지 고객들이 있는 곳에서 점원들을 꾸짖는 등의 인격에 관련된 행위를 해서는 안 되며, 한번 이야기 한 내용을 다른 일과 연결시켜 반복해서 꾸짖어서도 안 된다. 반면 매장의 현황이나 점원들의 특성에 맞게 업무를 분장해야 하고, 고객들의 클레임은 점장이 앞장서서 해결해야 하며, 항상 성과에 대해서는 점원들과 나누어야 한다.

누구나 처음 점장으로 발령 받으면 좋은 관리자가 되고자 한다. 하지만 현실적으로 달성해야 하는 목표가 생기면 어쩔 수 없이 처음 마음먹었던 따뜻함은 사라지고 독한 마음을 가질 수밖에 없다고들 한다. 겉으로는 냉철하고 다소 차갑게 보여도 마음만은 그렇지 않다는 말을 할지도 모른다. 그리고 자신의 행동이 다 점원들 잘되라고 혹독하게 트레이닝 시키는 것이라고 말할 수도 있다. 또한 영업은 무조건 매출이 양반이라는 논리로 어쨌든 목표 달성해서 돈 많이 받으면 서로 좋다고 생각할 수도 있다. 하지만 진정 자신이 아끼는 점원들에게는 비록 점원이 개인적인 인격보다는 돈이 더 좋아서 참고 일하는 스타일이라고 하더라도 그런 마음가짐조차 변화시킬 수 있어야 하며, 영업이 고객과 행복한 마음을 주고받는 일이라고 느낄 수 있도록 만들어가는 게 진정한 관리자의 모습이라는 걸 잊지 말았으면 한다.

Episode 31

지켜야 할 것들과 버려야 할 것들

- 어떤 것을 잃고 나서야 그것의 소중함을 느낀다는 말이 있다. 그 반대로 소중하게 생각했던 게 한 순간 의미가 없어지는 경우도 있다. 중요한건 지켜야 할 것과 버려야 할 것을 정확하게 판단해야 한다는 것이다. -

당신에게 너무나 잘하는 친구가 있다. 힘들 때 힘이 되어주고 좋은 일이 있을 때 함께 기뻐해줄 만큼 좋은 친구다. 이 친구가 하루는 사업자금을 이유로 보증을 요구했다. 부모 자식 간에도 보증은 서는 게 아니라고는 하지만 사람 사는 게 생각처럼 되지 않는다. 결국 보증을 서주게 되고 친구가 하는 사업은 실패한다. 보증으로 인해 당신까지 삶이 피폐해진다.

흔히 영화나 드라마에 나오는 이야기이기도 하고 주변에서 좀 힘들게 사는 사람들의 이야기를 들어보면 한결같이 어렸을 때 아버지가 보증을 잘 못서서 집이 어려워졌다는 이야기를 한다. 언제부턴가 보증을 서서는 절대 안 된다는 암묵적 교육을 우리는 받아오고 있다. 그래서 보증은 절대

서면 안 된다는 걸 누구나 알지만 어쩔 수 없이 해줄 수밖에 없는 경우가 있다. 이럴 때는 그냥 보증서는 금액만큼의 돈을 그냥 자기가 갚아나가야 한다고 생각하면 속은 편하다. 하지만 돈을 잃는 것보다 사람을 잃는 게 더 힘들다는 걸 알아야 한다.

예전에 아버님이 아는 지인에게 돈을 빌려준 적이 있다. 당시로는 상당히 큰 금액의 돈이었다. 10년 이상을 알고 지내는 사람이라 그냥 믿고 빌려준 것이 화근이었다. 돈을 빌려주고 얼마 지나지 않아 드라마에 나오는 흔한 이야기처럼 어느 순간 연락이 끊기더니 행방을 알 수 없었다. 주변에 다른 사람들에게 이야기를 해보니 다들 돈을 빌려줬다고 한다. 당시 기억으로 아버님은 돈을 받을 수 없었던 것에 화가 난 게 아니라 10년 이상을 알고 지낸 사람이 한마디 말도 없이 사라져 버린 것에 더 화가 나 있었다. 하지만 곧 사정이 있어 그랬겠지 하는 생각으로 화가 바뀌고 그렇게 시간이 흘렀다. 5년쯤 지나고 나서 우연히 그 지인의 소식을 전해 들었다. 경기도 어딘가 있다는 이야기를 들은 아버님은 다음날 어머니와 함께 그 지인을 찾아 나섰다. 한동안 잠잠했던 화가 다시 치밀어 올라 한걸음에 지인을 찾아 나섰던 것이다. 그날로 돈을 받아오든지 경찰에 신고를 하든지 무슨 일이든 생길 줄 알았다. 그런데 저녁때쯤 집으로 돌아온 두 분은 출발할 때와는 다른 담담한 표정이었고, 어떻게 된 일인지 어머니께 살짝 묻자 어머니가 말씀하시길 "찾으러 갈 때만 해도 너희 아버지는 어떻게든 그 사람을 혼내 주리라고 몇 번이고 말씀하셨지. 그런데 그 사람이 사는 곳에 도착해보니 사는 모양새가 말이 아니었던 거야. 아이들은 셋이나 되는데 당사자는 몸은 아파 누워있고 그 집 안사람이 남의 집일을 나가면서 근근이 입에 풀칠은 하면서 살아가기는 하는 모양인데 매 끼니 걱정을 할 정도더구나. 아이들 얼굴이 말이 아니였던 거야. 그래서 아버지가 돈 이야기는 꺼내지도 못하고 그렇게 많은 사람들한테 피해주고 도망갔으면 살기나 제대로 살 것이지 이게 뭐냐는 말만 하고 나오셨어. 그러고는 차마 발길이 떨어지지 않아서 그런지 동네 가게에서 쌀이랑 반찬거리를 사서 주고 오셨단다."라고 하셨다.

참 상식적으로는 이해가 안 되는 일이다. 하지만 이런 이야기도 주변에서 꼭 몇 번은 들어본 이야기일 것이다. 왜냐면 우리나라 사람들의 특징이 너무나 '정' 이라는 것에 약하기 때문이다. 그래서 방송에 안쓰러운 사연이 나오면 도와주지 못해 안달이고 누군가 나에게 해를 입혀도 그 사람 사정이 안 좋으면 그냥 쉽게 용서한다. 얼마나 우리나라 사람들이 남들과 나누는 것을 좋아하냐면 아버님이 3년 전쯤 그동안 선행을 해온 이야기가 지역 신문에 잠깐 소개된 적 있었다. 그런데 다음날부터 아버님 사무실 앞에 쌀이며 감자며 돈 봉투까지 어려운 분들을 위해 써달라는 쪽지와 함께 놓여있었다. 직접 도와주면 될 것을 어떻게 누구에게 전달해야 할지 잘 모른다며 꾸준히 부탁하는 사람들도 많았다. 이렇게 어렵게 살면서도 자신이 가진 걸 남들과 나누려는 사람들이 참 많아서 행복한 세상이라는 생각이 들기도 한다.

그런데 영업시장에서는 이런 정이라는 단어를 가감하게 잃어 버려야할 일이 있다. 바로 사람을 평가하고 고용유지를 결정할 때다. 정이 이끌려 능력이 없는 사람을 무조건 봐줘서도 안 되고 능력이 있지만 너무 안하무인이라고 비난해서도 안 된다. 이런 내용은 우리가 살아가는 정이 많은 행복한 세상과는 조금 다른 이야기다.

한 회사의 예를 통해 여러분이라면 어떤 선택을 할지 생각해보자. A라는 회사는 한 부서에 20명이 근무하고 있다. 그 20명 가운데 일을 잘한다고 할 수 있는 사람은 5명 정도고 나머지는 일에 대해서 능력이 조금은 떨어진다고 할 수 있다. 그런데 5명 중에 한 사람이 유독 A라는 사람은 업무적인 능력은 괜찮을지 몰라도 다른 조직원에게 상처가 될 만한 말이나 행동을 한다. 그렇기에 조직원들 사이에서 이 사람은 좋은 평가를 받지 못한다. 여기까지만 듣고 당신이라면 만약 누군가를 해고해야 한다면 누구를 해고하겠는가? 아마 능력은 있지만 인격이 좋지 않아 보이는 A를 해고해야 한다고 대부분 생각할 것이다.

그럼 이야기를 좀 더 들어보자. A의 주변 사람들의 이야기를 들어보니 A가 처음부터 이랬던 건 아니었다. 예전에는 자신이 한 일에 대해서도 윗선에 보고할 때 전체 조직원이 같이 한 것처럼 보고를 하고 남들이 하지 않는 일까지 다 처리하면서 조직을 위해 뭐든지 하는 사람이었다. 그런데 A가 변하기 시작한 시점이 있었다. 회사가 어려워 전체 조직원 가운데 5명이 해고되는 일이 있었는데 그때 해고된 사람들이 회사에 늦게 입사한 순서대로 해고를 한 것이다. 다른 사람들을 대신해 A가 대신 그만두겠다고 회사에 이야기를 했지만 사표는 수리되지 않았다.

그때부터 A는 변했다. A는 힘없는 후임들이 자신의 잘못된 행동으로 인해 해고당했다고 생각했다. 왜냐면 어떤 조직이나 몇 사람이 주도적으로 일을 하면 다른 사람들은 시키는 일만 하려고 하지 주도적으로 자신들이 일을 만들어 가지 않으려고 하는 좋지 않은 습성을 가지고 있다. 이 부서도 마찬가지였다. 몇몇이 일을 제안하면 나머지는 그냥 그 일을 하는 것에 지나지 않았다. 결국 일을 안 해도 몇몇 사람들이 한 일을 같이 한 것이라고 보고가 되니 자신들의 평가는 좋을 수밖에 없다. 그러니 일을 주도적으로 해야겠다는 생각들을 점점 안하게 되는 것이다. 그 결과 누군가를 해고해야 하는 일이 발생했을 때 몇몇을 제외하고는 누구나 해고해도 별문제가 없다는 윗선의 판단이 선 것이고 힘없는 사람들이 그 논리에 해고당하는 결과를 낳은 것이다. 그래서 A는 만약 서로의 능력이 동등하거나 다들 자신들만의 뛰어난 능력을 가지고 있다면 해고 문제가 제기되었을 때 적어도 누구를 해고해야 하는가를 심각하게 고민할 수밖에 없었을 것이고 결국 이 부서의 경우 없다고 판단이 되면 억울한 희생자는 나오지 않았을 것이라 생각한 것이다. 그 이후 A의 행동은 부서원들에게 다소 냉소적으로 변하고 업무에 대해서는 보다 나은 결과가 나올 수 있도록 닦달하기 시작했다고 한다. 그리고 부서원들과의 회식자리에서 이런 이야기를 A가 하기는 했지만 부서원들은 A를 자기 잘난 맛에 사는 사람이라는 조롱만 했다. 조금 이야기를 더 들은 지금 시점에서 다시 판단을 해보자.

당신이 고용주라면 A를 해고하겠는가? 아무 그럴 것이다. 사정은 알겠지만 조직의 힘은 단결력인데 어쨌든 A로 인해 조직이 뭉치지 못하면 해고해야 하는 게 맞다고 생각할 것이다. 하지만 그건 틀린 답이라고 말하고 싶다. 만약 이 부서에서 A를 해고한다고 해도 부서를 유지하는데 큰 문제는 없을 것이다. 왜냐면 A를 제외하고도 일처리를 잘하는 몇몇이 더 있기 때문이다. 하지만 A가 할 수 있는 능력의 것들을 나머지가 할 수 있다고 장담할 수는 없다. 결국 이 부서의 경우 어느 정도의 성과는 낼 수 있겠지만 업무능력이 탁월할 수는 없다. 전체의 80%가 업무에 대한 열의가 없기 때문이다. 이 경우 가장 좋은 방법은 업무적 능력을 가지고 있는 5명을 제외하고 나머지 인원에 대해서 전원 해고를 하는 방법이다. 아마 이런 방법을 권유했다면 정말 미친 결정이라고 할 수도 있다.

하지만 영업시장에서는 뛰어난 한사람의 힘이 다른 수십 명의 힘보다 중요하기 때문에 틀린 말이라고 할 수 없다. 이런 제안은 컨설팅을 하면서 고용주들에게 몇 번 했었다. 그런데 10개의 매장에 제안을 하면 2군데를 제외하고는 절대 그렇게 못한다는 것이다. 바로 우리나라의 '정' 이라는 문화 때문이다. 하나를 위해 전체를 희생한다는 건 아직은 이해가 되지 않는 선택이기 때문에 힘든 것이다. 하지만 화투판에서도 지켜야 할 패와 버려야할 패가 확실하듯이 고용주는 이 문제를 심각하게 생각해야 한다. 당장 있을 문제만 생각하면 큰일을 하지 못한다. 만약 그 자리를 지켜야할 사람이라면 어떤 희생을 감수하고라도 지켜야 하고 버려야할 사람이 있으면 비록 자신 친인척이라고 해도 버려야 한다. 그래야지만 장사를 하면서 얻으려고 했던 그 어떤 것을 얻을 수 있기 때문이다.

거상이 되기 위해서는 자신이 가진 모든 걸 버려야 하는 어려운 결정도 과감하게 할 줄 알아야 한다. '정' 이라는 것에 이끌려 내려야할 결정이 과감히 내려지지 못하면 시간이 지난 후에는 그 결정에 대해 하나마나한 후회만을 하는 일이 생기기 때문이다. 지금 당신의 부서에 버려져야 할 패를 가지고 있는 사람이 있다면 버리든지 아니면 공생하기 위한 마지막 제안을 해보자. 그것만이 서로에게 좋은 결정이었다는 건 시간이 증명해 줄 것이다.

Episode 32

자신을 보지 못하고 남을 원망하지 마라

- 자기에게 주어진 일만 하는 것은 간단하다. 하지만 다른 사람들이 같이 일할 때는 서로 배려하는 모습이 중요하다. 하지만 다들 자신들이 손해 보지 않으려고 발버둥 치면서 상대방은 손해 보기를 바라는 좋지 않은 마음을 가지고 있다. 이런 생각은 결국 서로의 관계가 더 이상 유지되기 힘들게 한다. -

사람들이 모여서 군집생활을 시작하면서 인간은 혼자만의 삶이 아닌 상호 영향을 주고받는 삶을 살게 된다. 정말 사랑하는 사람과 함께 산다고 해도 항상 행복한 건 아닌데 회사 같은 사회생활로 인해 인위적으로 관계를 맺고 있는 사람들과는 동행은 더 힘들 수밖에 없다. 아무리 서로 배려하고 지낸다고 해도 사소한 문제부터 심각한 문제까지 생길 수밖에 없다는 것이다. 특히 같은 직급의 수평적 관계보다는 상하관계에 놓여 있는 수직적 관계에서의 갈등이 더 심하다고 볼 수 있다. 물론 수평적 관계에서도 서로 치열하게 경쟁하다 보니 서로 비방하고 누군가 잘되는 모습을 눈뜨고 못 보는 사람들이 있기는 하지만 그래도 같은 입장에서 느끼는 공감대는 있기 때문에 상대적으로 덜 하다는 것이다. 하지만 수직적 관계에서의 갈등은 서로 자신들의 입장에서만 문제를 바라보는 시선 때문에 문제는 더 심각해진다. 이런 갈등이 계속되면 결국 더 이상의 직장 생활을 하지 못하는 결과를 낳게 된다. 한 기업의 예를 통해 문제를 자세히 살펴보자.

W라는 회사는 대기업의 업무를 아웃소싱 하는 업체다. 최근 업무의 효율성과 인력 관리 문제 등으로 인해 아웃소싱이 활발하게 진행되고 있는데 W사도 그런 아웃소싱 업체 중 하나다. 이런 아웃소싱은 직원들의 근무지와 소속사가 다르기 때문에 회사의 직원 간에 갈등이 생기는 경우가 빈번한데, W사도 사장과 직원간의 갈등이 심한 편이다. W사가 S사에 아웃소싱으로 파견한 직원이 15명인데 이 가운데 대부분이 자신들의 소속을 W사로 생각하지 않고 아웃소싱으로 가 있는 S사라고 생각하기 때문에 갈등이 시작되는 것이다. 처음 고용할 때부터 S사에 업무가 생겨 고용한 인원들이다 보니 이런 문제가 생길 수밖에 없다. 왜냐면 직원들의 경우에는 W사를 단순히 S사에게 주는 급여를 전달해주는 입장으로 생각하고 그 가운데 W사는 가만히 앉아서 일정금액을 수수료로 챙기는 아무런 의미 없는 존재라고 생각하기 때문이다. 결국 업무는 직원들이 하고 그 돈으로 W사를 먹여 살린다는 생각으로 직원들의 생각이 비약되는 것이다. 반면, 사장의 경우에는 직원들이 S사에 업무를 하고 있지만 소속은 자신의 회사인데 직원들이 회사에 대한 소속감이 아예 없다는 것에 섭섭함을 느끼고 있다. 이들의 관계가 처음부터 갈등이 심했던 것은 아니다. 처음에는 사장이

직원들에게 안부를 묻는 전화 통화도 시도해보고 직원들과의 회식 자리도 자주 만들려고 노력하면서 그나마 무난한 관계를 유지해왔다. 그래도 한 회사의 대표가 전화해주고 밥 사주는데 무난한 관계라는 단어가 적절하지 않다고 생각할 수 있겠지만 직원들의 머릿속에는 W사에 대한 소속되어 있다는 생각이 전혀 없기 때문에 그랬다. 이렇게 시간이 지나면서 처음에는 적극적이었 던 사장도 지쳐가기 시작한다. 전화를 걸어서 안부를 물으면 직원들의 태도는 귀찮게 왜 자꾸 전화하느냐는 의미를 담은 차가운 목소리로 전화를 받았고, 회식자리를 한 달에 한번은 만들어줘도 직원들은 자신들이 번 돈으로 사장이 생색내기를 한다고 생각하니 지쳐갈 수밖에 없었던 것이다. 이런 상황 속에서 그냥 서로 무관심하게 시간이 2년 이상 흘러갔다.

그런데 중간에 상황을 악화시키는 문제가 하나 생겼다. W사에서 직원들을 관리하는 역할로 S사로 파견된 팀장급의 사원이 하나 있었다. 이 사원의 경우 S사와 W사와의 연결 역할을 하면서 직원들을 관리하는 업무를 맡고 있었다. 그런데 한번은 이 팀장급 사원이 여러 가지 문제로 인해 회사에서 해고될 위기가 있었는데 이 문제를 알고 있던 몇몇 직원들이 해고 문제를 다시 생각해달라는 의견을 사장에게 전달했고 의견이 받아들여져 해고당하지 않았다. 문제는 해고 위기에 있을 때 팀장급사원이 직원들에게 사장이 직원들이 벌어다주는 금액의 상당 부분을 수수료로 챙긴다고 과거 있었던 직원들을 하루아침에 해고하는 모습을 봤다는 등의 좋지 않은 말들을 이메일 등을 전달했다는 것이다. 자신이 해고될지도 모르니 있는 이야기 없는 이야기를 다 한 것이다. 세밀하게 살펴보면 거의 맞는 내용이 없는 말들로 나중에 판명되었다. 하지만 팀장급 사원의 경우 그 이후로도 W사에 대한 좋지 않은 이야기를 직원들에게 계속 전했고 마치 사장이 악덕업주처럼 취급되는 상황으로 악화된 것이다. 결국 이런 과정에서 15명의 직원들도 사장 측의 사정을 알고 있는 친사장파와 반사장파로 양분되게 된다.

이런 문제의 경우 양쪽의 입장을 살펴볼 필요가 있다. 먼저 회사에 대한 부정적인 시각을 가진 직원들의 불만을 살펴보자. 먼저 실비정산 되는 경비사용에 있어서 사장이 금액을 제한하려고 한다는 것과 명절에 선물을 챙겨주지 않고 경조사를 잘 챙겨주지 않는다는 게 가장 큰 불만이었고, 업무의 효율성을 위해 아웃소싱이지만 직급을 분류해서 급여를 차별화한 것도 불만 중 하나였다. 자신들은 어차피 S사에서 주는 급여를 받는 건데 왜 중간에서 사장이 직급에 따라 금액을 차등화 하느냐가 문제가 된 것이다.

그럼 W사 측의 직원들의 불만에 대한 입장을 들어보자. 먼저 경비 문제부터 이야기를 해보자. W사가 S사에서 받는 실비 정산 가능한 경비의 경우 직원 1인당 40만 원 정도이다. 그런데 지방에서 근무하는 직원들의 경우 경비가 보통 한 달에 100만 원 정도 나오는 것이다. 결국 운영경비가 너무 많아 회사에 무리가 된다는 것이다. 그래서 아낄 수 있는 부분은 최대한 아끼자는 뜻에서 경비 상한선을 두겠다고 한 것이다. 그리고 명절이나 경조사를 챙기지 않는 문제에 대해서는 명절 선물의 경우 처음에 몇 번 챙기기는 했는데 W사가 지속적 성장을 하면서 자금이 많이 들어가서 명절 선물을 챙기지 못한 것이다. 비록 회사 직원 50명에 대한 금액이 크지는 않지만 자금 사정으로 해주지 못한 점에 대해서는 마음 아프게 생각한다는 것이다.

마지막으로 직급제와 관련한 문제는 동일한 급여를 주는 건 문제가 되지 않지만 회사로서는 장기근속문제와 비전제시와 관련한 직급제를 도입할 수밖에 없었고 이 문제에 대해서는 잘못된 부분이라고 생각하지 않는다.

이제 양쪽의 입장을 들었으니 누가 잘못된 건지 한번 판단을 해보자. 물론 중간에 팀장급사원이 명절 선물이 S사에서 제공되거나 할 경우 절대 W사에서 준거 아니니 S사에 고마워해야 한다는 메일을 직원들에게 보내면서 양쪽 사이를 최악의 상황으로 몰고 간 점은 있지만 그런 내용을 제외하고 판단을 해보자는 것이다. 아마 지금 자신들이 처해있는 입장에 따라 회사의 잘못을 이야기할 수도 있고 직원들의 잘못을 이야기할 수도 있다. 문제는 양쪽 다 있는 게 맞다.

회사의 입장에서는 직원들에게 W사의 정직원으로 소속되어 있다는 말만 했지 실질적으로 정직원이라는 혜택이나 미래 비전을 제시하는데 실패했다. 또한 직원들과의 마찰에 대한 내용을 알고 있으면서도 적극적으로 문제를 해결하려는 노력이 없었다는 점에서 잘못된 부분이 있고, 직원들의 입장에서는 자신들이 비록 S사의 일을 하고 있지만 소속이 W사라는 생각을 하고 있어야 함에도 불구하고 전혀 그렇지 않았다는 점과 경비 문제의 경우에도 모든 이동 수단을 자가용이나 택시 그리고 KTX 등을 사용하는 등 회사의 사정은 생각하지 않고 자신들이 편하면 그만이라는 생각으로 직장 생활을 한다는 게 이해가 되지 않으며, 직급제의 경우 자신들보다 높은 직급으로 배정된 사람들을 안 좋은 시선으로 바라볼게 아니라 자신들의 노력으로 직급을 올리려하는 게 맞다. 어떻게 보면 직원들은 이런 사람들이 어떻게 직장생활을 하는가라는 의심이 들 정도로 어리석은 거 같다. 사회 경험이 거의 없는 사람부터 자영업을 했던 사람이나 학원 강의를 했던 사람들이 모여서 이루어진 집단이라서 그런지 몰라도 직장이라는 세계에 대해서 너무 쉽게 생각하는 것 같다.

직원들이 받는 급여는 경비를 별도로 하고 200만 원이나 된다. 하지만 가치 분석을 통해 급여 계산법을 이용하면 냉철하게 봤을 때 그들이 하는 일은 100만 원도 아깝다는 생각이 드는 직원도 많았다. 하지만 이미 직원들의 일부는 출퇴근이 자유로운 통제 받지 않는 직장 생활에 그냥 편안하게 돈 받아 가면 된다는 생각으로 자기 발전이 없는 하루하루를 보내는 모습을 보여 안타깝기도 했다.

W사의 이런 문제의 경우 양쪽 다 문제가 있기는 하지만 직원들 쪽의 문제가 더 있다고 평가하고 싶다. 그리고 중간에서 양쪽의 문제를 점점 악화일로로 몰아간 중간관리자의 모습은 정말 직장 생활에서는 있어서는 안 될 사람으로 보인다. 사실 필자도 15명의 직원 가운데 한 명이었다. 급여 받는 게 미안할 정도로 업무처리를 못한다고 느껴지는 순간 편안하게 급여를 받을 수 있는 일을 그만뒀다. 개인적인 사정도 있었지만 돈의 가치에 비해 하는 일의 가치가 이미 오래전부터 낮았다고 생각하고 있었기에 S사의 일을 그만두고 W사로 복귀했다. 그게 S사에게 W사의 한 직원으로서 양심적인 일이라고 생각했기 때문에 현재 처해있는 상황 등은 고려하지 않고 그냥 떠났다. 그 선택에 대해서 후회를 하진 않는다. 그렇지만 좀 더 마음을 열고 양쪽을 아우를 수 없었다는 게 아쉽고 특히 W사의 사정이 어려웠을 때 왜 사장을 대신해서 개인 사비를 털어서라도 사장 명의로 직원

들에게 선물을 보내지 못했을까 하는 건 정말 큰 후회로 남는다.

결국 W사와 직원들은 S사가 도급사를 변경하면서 결별했다. S사가 새롭게 선정한 업체로 이직하게 된 직원들의 입장에서는 하던 일을 계속하는 거라 아쉬울 게 없고 W사의 경우에도 여러 가지 신경 쓸 일이 없어져서 서로 잘된 결말일지는 모른다. 하지만 이런 결말은 시간이 지나면 양쪽에서 다 좋지 않다. W사의 경우 직원 관리 능력에 문제가 있었던 기억으로 남을 것이며, 직원들의 경우 직장 부적응으로 평가 받을 수밖에 없기 때문이다. 결국 모두가 다 아쉬움을 남기는 기억으로 남게 되었다.

이런 예는 지금 주변에 너무나 많다. 매장 컨설팅을 하다보면 대부분의 문제가 고용주와 피고용인과의 관계에서 시작되는 걸 볼 수 있다. 자신이 다니는 회사에 대해 단순하게 돈을 벌고 승진을 위해 다니는 게 아니라 회사 자체에 대한 자부심과 자신이 하는 일에 대한 만족감으로 다니고 있는 사람들이 얼마나 되겠는가? 대부분이 그렇지 않다보니 회사와 직원들 사이의 갈등은 계속 될 수밖에 없는 것이다. 영업이나 장사에서 가장 중요한 게 사람이다. 아무리 기계가 좋아졌다고 해도 사람이 할 수 있는 업무 영역은 남아 있는 것이다. 이런 사람들을 어떻게 잘 관리하느냐는 회사의 입장에서는 가장 중요한 문제가 될 것이고, 직원들의 입장에서는 회사에 무엇을 바라기 전에 자신이 회사를 위해 무엇을 하고 있는가를 먼저 생각해 봐야 한다. W사의 사훈인 'All of US' 처럼 양쪽이 진정 하나 되는 하모니를 내지 못하면 점점 치열한 영업시장에서 회사나 개인이나 생존은 불가능하다. 양쪽 다 생존을 위해 무엇을 해야 할지 지금 당장 고민해보자.

Episode 33

공감이라는 단어를 사랑하라

- "나를 믿어 주세요?" "제발 나를 믿어 주세요?" 절실한 말에 담겨 있는 것은 아무 조건도 없이 그냥 믿어달라는 것이다. 믿음이란 마음속으로 서로 같은 것을 느끼는 감정 즉, 공감이 있어야 가능하다. 당신과 공감하는 사람은 얼마나 있는가? -

'말을 하지 않아도 느낌이 전해지는 사람이 있다.' '눈빛만 봐도 그 사람의 마음을 알 수 있다.' '같이 있기만 해도 너무 설레고 행복하다.' '누군가와 같은 느낌을 가지고 있는 게 행복하다.' 는 말들을 많이 느끼는 사람은 행복한 사람이다. 그만큼 자기 주변에 자기와 같은 행복을 나눌 수 있는 사람들이 많다는 것이므로 행복하다는 것이다. 시대가 변하면서 요즘은 친한 친구라는 말보다는 베프(베스트프렌드의 줄임말 표현)라는 말이 10대에서 30대까지 많이 사용되고 있다. 친한 친구든 베프든 자기 주변에 자기를 알아주는 사람이 있다는 것만으로도 충분히 행복한 일이다. 이렇게 친한 친구들을 많이 만들기 위해서는 진정 그 사람들의 마음을 이해하는 게 필요한데, 사람의 마음을 이해한다는 것은 말로 하기는 쉽지만 진정 상대방이 느끼는 감정을 같이 느끼는 공감의 상태는 말처럼 쉽지가 않다. 사실 누군가가 안 좋은 일이 있으면 서로 위로해주고 같이 슬퍼해주는 사람들은 주변이 많이 있다. 하지만 내가 누군가보다 잘 되었을 때 진정 그 사람을 축하해주는 일은 슬퍼하는 일보다는 어렵게 느끼는 사람들이 많을 것이다. 특히 영업현장에서는 이런 문제가 더 심각해진다. 남들을 깎아 내리고 나를 올리는 사람들은 많지만 남들과 같이 살아남을 방법을 찾으려는 노력은 그리 많지 않기 때문이다.

예를 들면 A사와 B사가 에어컨을 판매한다고 하면 A사에 가면 B사보다 뭐가 좋은지를 설명하고 B사에 가면 반대로 A사가 뭐가 안 좋은지에 대해서 설명하기 바쁘다. 고객은 자기에게 맞는 에어컨을 구입하러 간 것이지 A사와 B사가 서로 비방하는 내용을 들으러간 건 아니다. 하지만 아직도 대부분의 고객들이 이런 상호비방에 익숙해져 있어 자기들의 장점을 이야기 하는 것보다 남들을 비방하는 이야기에 귀를 기울이기 때문에 이런 썩어빠진 영업 관행은 잘 사라지지 않는다. 특히 1등을 하고 있는 기업보다는 2등을 하고 있는 기업의 비방이 더 심하며, 선발업체보다는 후발업체의 비방이 더 심하다.

다행스러운 건 이제 우리나라 사회도 이런 비방에 대해서 고객들이 다소 둔감하게 반응한다는 것이다. 어떤 기능이 있고 없고를 떠나 자신에게 맞는 제품을 선택하는 사람들이 늘어나고 있다는 것이다. 과연 A사와 B사는 상대를 낮추려고 노력해야지만 살아남을 수 있을 까는 고민해봐야 하는 이야기다. 같은 제품을 판매하기 위해서는 다른 제품보다 뭔가 더 뛰어난 기능이나 편리성들이 있어야 하는 건 맞는 이야기다. 하지만 그런 기능이나 편리성을 반드시 상대방과 비교해서 설명해야 할 필요가 있을까라는 질문에는 '아니다' 라고 과감하게 말하고 싶다. 이런 비방은 고수들의 세계에서는 의미가 없어진다. 영업고수들은 비방을 통해서 얻을 수 있는 것보다 고객과 같은 마음을 통해서 얻는 게 더 쉽고 편하기 때문이다.

실제로 이런 예가 있다. A사 에어컨 매장을 방문한 한 고객이 있었다. 이 고객에 대해서 초보 영업인의 경우에는 고객이 매장으로 들어오면 이렇게 상담을 한다.

"안녕하세요, 고객님. 에어컨 보시려고요. 그럼 이쪽으로 오시죠. 여기 보이는 제품들이 올해 새로 나온 신제품 들입니다. 광고 보셨죠. 바로 그 제품입니다. 혹시 보고 오신 제품 있으세요? 그런데 고객님 몇 평 정도 보러 오셨나요? 사는 곳이 아파트인가요? 아니면 주택인가요? 공기 청정 기능은 필요하세요, 필요 없으세요. 거실에 하나 안방에 하나 놓는 모델로 보시나요, 아니면 그냥 거실형만 보시나요? 색상은 어떤 게 좋으세요. 저희 제품이 다른 회사 제품보다 이런 기능이 있어서 좋아요."라는 질문과 답변으로 상담을 진행한다.

상담원의 대사만 써놓았는데 여러분이 직접 고객이라고 생각하고 어떤 답변을 할지 직접 대답을 해보라. 그리고 이 상담원이 원하는 게 뭔지를 생각해보자. 간단하다. 숨 쉴 틈 없이 나오는 질문의 의도는 제품을 팔고 싶다는 마음에서 나오는 조급함이다. 조금이라도 고객의 사정에 대해서는 생각을 안 하고 자신이 원하는 대화만을 강요하는 모습을 보이고 있다. 이런 상담을 하는 판매사원을 초보라고 구분하는데 생각해보면 주변에 이런 초보들이 너무 많다는 게 문제다.

그럼 노련한 상담원의 경우를 한번 보도록 하자.

"안녕하세요. 고객님. 에어컨 보시려고요. 이쪽에 준비되어 있습니다. 일단 직접 보시죠. 에어컨도 요즘은 기능도 중요하기는 하지만 고객님이 집에 얼마나 잘 어울리는가도 중요합니다. 그래서 다양한 컬러와 디자인들이 있으니 일단 고객님 마음에 드는 디자인으로 선택해보시죠. 안 그래도 그 모델이 요즘 디자인 좋다는 평을 많이 받는 모델인데 잘 고르신 거 같습니다. 일단 디자인은 고르셨으니 이제 에어컨 사용하시면서 가장 걱정하시는 전기세 문제를 해결해 드려야겠네요. 이렇게 좋은 제품 구매하시려고 하는데 집에 설치한 다음에 전기세 무서워서 틀지도 못하면 아무 필요 없으니까요? 전기세를 최대한 줄일 수 있는 방법은 두 가지가 있는데 절전 기능이 좋은 모델을 선택하시거나 기준 평수보다 한 단계 높은 제품을 구매하시는 겁니다. 그러려면 현재 고객님의 집 평수가 어느 정도 되는지 알아야 하는데 몇 평 정도 되시나요? 그 정도면 이 정도가 맞겠고요. 그 아파트의 경우는 저희가 이미 설치한 분들 설치 사진이 있는데 직접 보시면 이해가 빠르시겠네요. 이 디자인의 제품 가운데는 이 모델이 고객님이 생각하시는 가장 최적의 모델이 되겠네요. 초기 구입비가 조금 높지만 여기 계산표에 보시면 하루에 몇 시간 사용 했을 때 전기세만 계산해도 다른 모델보다는 이 모델이 이득이기 때문에 제가 자신 있게 추천해 드릴 수 있겠네요."라는 식으로 상담이 진행된다.

두 상담 사원들의 차이는 급하게 자신의 생각대로 제품을 판매하려는 사원과 고객들이 충분히 자신이 제품을 구매했을 때 느낄 수 있는 장점을 상상하게 할 수 있는 여유를 주는 사원의 차이일 뿐이다. 중요한건 자신의 생각을 강요하는 게 아니라 고객의 생각과 자신의 생각을 맞추려고 노력하는 차이다.

결과론적으로 말하자면 초보 영업인의 경우 한 달에 평균 13대 정도의 에어컨을 판매했고 노련한 상담원의 경우 28대를 판매했다. 공감대를 형성해서 판매한다는 건 아주 작은 차이지만 실제로 매출에서는 2배 이상의 차이를 만든다.

이런 공감의 힘은 관리에서도 나타난다. 한 매장의 점장이 유독 따르는 직원들이 많고 스스로 알아서 일하는 분위기로 매장 매출도 굉장히 좋았다. 매장을 방문해서 벌써 입구부터 밝은 에너지가 넘치는 매장이라는 걸 알 수 있을 정도로 분위기가 좋았다. 판매사원들에게 힘든 영업을 하면서 즐거운 이유를 묻자. 직원의 대답은 이랬다.

"제가 판매직으로 5년을 일하고 있는데 현재 같이 근무하는 점장님 때문에 일하는 게 즐겁습니다."

일하는 걸 즐겁게 만드는 점장이라니 어떻게 했기에 매장이 이런가를 더 살펴봤더니 큰 이유는 하나였다. 점장이 직원들의 너무나 잘 공감하고 있다는 것이었다.

이 매장의 C점장은 한 달에 한번씩 6명의 직원과 1:1 면담을 진행한다. 근무가 끝나고 가볍게 술을 한잔하기도 하고 근무시간이나 점심시간 등을 통해 어떻게 해서든 한 달에 한번은 면담을 한다. 면담 시 내용은 요즘 집안에 문제가 있는가? 고민거리는 무엇인가? 일하는 데 문제는 없는가? 매출목표를 얼마정도 하고 있는가? 이런 질문들을 한다는 것이다. 처음에는 직원들도 형식적이라고 생각했지만 몇 달이 지나면서 자신들이 조금씩 말하기 시작했던 것들이 개선되어 나가고 사소한 고민거리까지 점장과 나누었다. 점장이 아침에 부부싸움 하고 출근한 직원에게 패밀리레스토랑 식사권을 선물하면서 저녁에 조기퇴근을 시켜준다든지, 직원들이 느끼는 자신의 장점과 단점을 파악해서 개선해 나갈 수 있도록 장점을 살리고 단점을 없애나가는 방법을 상세히 기록해서 직원들에게 준다든지 하는 것들이 계속되면서 이 점의 점장과 직원들은 서로 말하지 않아도 스스로 잘해야 한다는 생각으로 일을 하니 매출이 오를 수밖에 없는 것이었다. 심지어 고객이 유난히 없는 날이면 직원들이 멍하게 매장에서 자기 개인적인 일이나 수다를 떠는 게 아니라 진열개선안이나 창고정리 단골고객에게 해피콜 등을 하기에 바쁘다는 것이다. 그것도 누가 시켜서가 아니라 그냥 가만히 있는 게 스스로 용납이 안 되서 누가 먼저랄 거 없이 한다는 것이다.

마음을 나누면 관리의 고민은 그냥 없어지는 것이다. 힘에 의해 통치는 예전부터 좋지 않은 통치라고 했다. 마음을 열어 같은 것을 느낄 때 진정한 통치자로서 국민들에게 존경을 받는 것이다. 고객이나 직원 그리고 자기에게 소중하다고 느끼는 모든 사람들과 공감하려고 하는 노력이 왜 중요한지는 더 이상 말할 필요가 없을 것이다. 공감을 사랑하라.

Epilogue

오랜 시간동안 영업하는 사람들을 지켜보면서 그들이 너무나 힘들게 사는 모습이 안타까워 마음이 아프기도 하고, 반면 그런 힘든 생활 속에서도 항상 자신이 있어야 할 자리를 묵묵히 지키면서 욕심내지 않고 그 자리에 만족해하며 행복해하는 모습에서 인생이 아름답다는 말의 의미를 배웠다.

진정한 영업인들은 돈에 연연하지 않고 자신이 어떤 일을 해야 하는가를 너무나 잘 알고 있다. 비록 큰돈을 벌지는 못하지만 고객과의 약속을 지키고 자신이 하고 있는 일에 대해서 자부심을 가지고 살아간다면 그런 사람을 진정한 거상(巨商)이라고 불러야 할 것이다.

우리가 살아가는 세상은 혼자서 살 수 있는 게 아니다. 마찬가지로 영업도 혼자서 할 수 있는 게 아니다. 사람과 사람과의 만남으로 이루어지는 게 영업이기 때문이다. 사람과 사람이 만나서 하는 일이라 때로는 좋은 일도 있고 때로는 언짢은 일이 있을 수도 있다. 그래서 중요한 게 내가 어떤 일을 하고 있는가를 항상 마음에 두고 있어야 한다는 것이다. 그래야 좋은 일이 있을 때는 자신이 하는 일에 대해 고맙다고 생각할 것이며, 언짢은 일이 있을 때는 자신이 하는 일이 원래 그렇다고 위안을 삼을 수 있기 때문이다.

33가지 실제 있었던 에피소드를 쓰면서 10년 가까운 시간동안 만나왔던 수많은 인연들에 대한 추억을 떠올릴 수 있어 행복한 시간이었다. 어떤 이는 서로 마음에 잘 맞아 너무 사랑스러웠던 기억이 있는가 하면 어떤 이는 너무나 미워서 한번은 혼내주리라는 생각을 한 적도 있었다. 그런 감정들이 글 속에 녹아 글이 나의 마음을 다른 사람들에게 잘 전해졌으면 하는 마음이다. 글의 내용이 어떻게 보면 지극히 주관적인 생각을 바탕으로 쓴 내용도 있어 안 좋은 오해를 살 수 있는 부분도 있다. 그런 부분은 책 내용에도 기록했지만 더 나아질 수 있는 방향성을 제시하는 하나의 신호라고 생각했으면 한다.

마지막으로 이 글을 읽는 모든 분들이 돈은 남지 않아도 사람을 남기는 행복한 장사꾼이 되기를 바란다.

THE
END